ACCESO GRATIS ***a la Lectura en la Nube***

Para visualizar el libro electrónico en la nube de lectura envíe junto a su nombre y apellidos una fotografía del código de barras situado en la contraportada del libro y otra del ticket de compra a la dirección:

ebooktirant@tirant.com

En un máximo de 72 horas laborales le enviaremos el código de acceso con sus instrucciones.

AF607597

HACIA UNA SOCIEDAD SOSTENIBLE

Desafíos y oportunidades para la conciencia ambiental y la economía circular

HACIA UNA SOCIEDAD SOSTENIBLE

Desafíos y oportunidades para la conciencia ambiental y la economía circular

Coordinador:
ROBERT EFRAÍN ZÁRATE CORNEJO
Universidad Autónoma de Baja California

tirant lo blanch
Ciudad de México, 2025

En caso de erratas y actualizaciones, la Editorial Tirant Humanidades publicará la pertinente corrección en la página web www.tirant.com/mex/.

Este libro será publicado y distribuido internacionalmente en todos los países donde la Editorial Tirant lo Blanch esté presente.

La siguiente obra ha sido dictaminada bajo el sistema de doble ciego.

© TIRANT LO BLANCH
DISTRIBUYE: TIRANT LO BLANCH MÉXICO
Av. Tamaulipas 150, oficina 502
Hipódromo, Cuauhtémoc, 06100, Ciudad de México
TELFS.: +52 1 55 65502317
infomex@tirant.com
www.tirant.com/mex/
www.tirant.es
Librería virtual: www.tirant.es
ISBN: 978-84-1071-377-2

Si tiene alguna queja o sugerencia, envíenos un mail a: *atencioncliente@tirant.com*. En caso de no ser atendida su sugerencia, por favor, lea en *www.tirant.net/index.php/empresa/politicas-de-empresa* nuestro procedimiento de quejas.

Responsabilidad Social Corporativa: *http://www.tirant.net/Docs/RSCTirant.pdf*

Autores

Juan Manuel Perusquía Velasco
Rocío Villalón Cañas
Carlos Alberto Flores Sánchez
Robert Efraín Zárate Cornejo
Ricardo Cortez Sánchez
Yirandy Josué Rodríguez León
Ivonne Jacqueline Cruz
Claudia Berra Barona
Lourdes Cutti Riveros
María Marcela Solís Quinteros
Rafael Eduardo Saavedra-Leyva
Teresa Carrillo Gutiérrez
René Andréi Guerrero Vázquez
Luis Ávila López
Carolina Zayas Márquez
Jorge Alfonso Galván León

Índice

Introducción

Este libro titulado "Hacia una sociedad sostenible: Desafíos y Oportunidades para la Conciencia Ambiental y la Economía Circular" tiene como objetivo analizar la problemática de sostenibilidad y el cuidado del medio ambiente, abordando desde la perspectiva de la conciencia ambiental y la economía circular con reflexiones de posibles soluciones y estrategias para un desarrollo sostenible. Aborda temas tan variados e interconectados como el reciclaje de plásticos, la conciencia ambiental de los jóvenes, la economía circular, la protección de la propiedad intelectual en la agricultura, y las políticas de alimentación sostenible. A través de sus siete capítulos, la obra presenta una visión integral, proporcionando un enfoque detallado para contribuir a un mundo más sostenible.

El primer capítulo nos enfrenta a una verdad "incómoda" sobre el reciclaje del plástico, desafiándonos si nuestras actuales prácticas de reciclaje son realmente efectivas o simplemente una ilusión que apacigua nuestra conciencia ambiental sin resolver el problema de fondo. Destaca la complejidad y los desafíos del reciclaje de plástico, cuestionando la viabilidad de las soluciones actuales y proponiendo alternativas más sostenibles que requieren una reforma en las prácticas industriales y de consumo.

El segundo capítulo se sumerge en el mundo de los estudiantes universitarios, explorando su conciencia y comportamientos hacia el reciclaje y la sostenibilidad. Este estudio ilumina cómo las percepciones y prácticas de los jóvenes pueden influir significativamente en las políticas futuras de gestión de residuos y en la promoción de una cultura de reciclaje. Además, subraya la necesidad de políticas educativas que fomenten una mayor conciencia ambiental.

El tercer capítulo ofrece un análisis de la economía circular a través del estudio de caso de las cafeterías y bares de café en Baja California ilustra cómo los modelos de negocio pueden adaptarse para maximizar tanto el impacto económico como ambiental positivo en la región. Es una mirada esperanzadora a las posibilidades de la economía circular a través de prácticas de reciclaje innovadoras y sostenibles.

En el cuarto capítulo, la discusión se traslada a la protección de las variedades vegetales en México, resaltando la importancia de la propiedad intelectual en el fomento de la innovación agrícola y la sostenibilidad alimentaria. Este capítulo nos recuerda que la protección y el incentivo a la innovación son cruciales para enfrentar los desafíos ambientales y nutricionales de nuestro tiempo.

El quinto capítulo enfoca su atención en cómo podemos reformular nuestras prácticas alimenticias para asegurar un futuro sostenible, proponiendo estrategias prácticas que todos los sectores de la sociedad pueden adoptar para mejorar nuestra relación con el planeta. Propone cambios en los patrones de consumo que pueden sostener tanto a la población actual como a futuras generaciones.

El sexto capítulo aborda la economía circular en América Latina, proporcionando un análisis exhaustivo de cómo esta puede transformar la producción y el empleo en la región, ofreciendo un camino hacia la sostenibilidad que es tanto práctico como prometedor.

Finalmente, el Capítulo siete examina las complejas dinámicas entre China y América Latina en el contexto del desarrollo sostenible, poniendo de manifiesto cómo los compromisos internacionales y la cooperación bilateral pueden influir en prácticas más sostenibles a nivel global.

El libro, ““Hacia una sociedad sostenible: Desafíos y Oportunidades para la Conciencia Ambiental y la Economía Circular” está destinado a lectores de diversas disciplinas y sectores, desde estudiantes y académicos hasta tomadores de decisiones y profesionales, es un libro que ofrece herramientas valiosas para quienes estamos comprometidos con el futuro de nuestro planeta.

Capitulo 1

Reciclar el plástico: ¿Una solución factible o una ilusión? Desde una perspectiva de responsabilidad social

JUAN MANUEL ALBERTO PERUSQUIA VELASCO[1]
ROCÍO VILLALÓN CAÑAS[2]

RESUMEN: El incremento constante en la producción de plástico y la escasa tasa de reciclaje plantean una crisis ambiental urgente. Pronósticos indican que para 2050 habrá más plástico que peces en el océano. Esto resalta la necesidad imperativa de reducir el consumo de plástico. Aunque el reciclaje es parte de la solución, la realidad muestra que solo un pequeño porcentaje de plástico se recicla efectivamente. Además, la mayoría del plástico está hecho de residuos fósiles, alimentando el impacto climático y poniendo en riesgo a las comunidades. La contaminación plástica afecta a ecosistemas, vida silvestre y la salud humana, especialmente en comunidades cercanas a instalaciones de producción y vertederos.

---

1 Dr. en Administración, profesor de tiempo completo de la Facultad de Contaduría y Administración, de la Universidad Autónoma de Baja California. Email: perusquia@uabc.edu.mx. ORCID: 0000-0003-1787-9069.

2 Dra. en Planeación Estratégica, profesora de tiempo completo la Facultad de Contaduría y Administración, de la Universidad Autónoma de Baja California. Email: rocio.villalon@uabc.edu.mx. ORCID: 0000-0002-4468-8869.

En este sentido la industria debe replantearse sus prácticas, priorizando alternativas sostenibles como materiales biodegradables y diseño innovador de envases. Reducir el uso de plástico de un solo uso y adoptar normas más estrictas a nivel internacional son pasos cruciales. Las empresas deben liderar este cambio hacia soluciones más ecológicas para mejorar su reputación y competitividad en un mercado consciente del medio ambiente.

Aunque es importante el reciclaje tradicional, ya no es suficiente para abordar la crisis de los residuos plásticos. Se necesita un enfoque holístico que priorice la reutilización, el rellenado y alternativas de envasado sostenibles. Esta transición no solo supera las limitaciones del reciclaje, sino que también se alinea con las preferencias de los consumidores por opciones ecológicas y ofrece oportunidades económicas. En resumen, la solución radica en reducir el consumo total de plástico y adoptar prácticas más sostenibles en todos los niveles de la cadena de suministro.

PALABRA CLAVE: plástico, reciclar, impacto ambiental, responsabilidad social.

ABSTRAC: The constant increase in plastic production and the low recycling rate pose an urgent environmental crisis. Forecasts indicate that by 2050 there will be more plastic than fish in the ocean. This highlights the imperative need to reduce plastic consumption. Although recycling is part of the solution, reality shows that only a small percentage of plastic is effectively recycled. Additionally, most plastic is made from fossil waste, fueling climate impact and putting communities at risk. Plastic pollution affects ecosystems, wildlife and human health, especially in communities near production facilities and landfills.

In this sense, the industry must rethink its practices, prioritizing sustainable alternatives such as biodegradable materials and innovative packaging design. Reducing the use of single-use plastic and adopting stricter international standards are crucial steps. Companies must lead this shift towards greener solutions to improve their reputation and competitiveness in an environmentally conscious market.

While traditional recycling is important, it is no longer enough to address the plastic waste crisis. A holistic approach is needed that prioritizes reuse, refilling and sustainable packaging alternatives. This transition not only overcomes the limitations of recycling, but also aligns with consumer preferences for green options and offers economic opportunities. In short, the solution lies in reducing overall plastic consumption and adopting more sustainable practices at all levels of the supply chain.

KEYWORD: plastic, recycle, environmental impact, social responsibility.

INTRODUCCIÓN

De acuerdo con, (Greenpeace, 2022) los hogares de todo el mundo se generaron aproximadamente en millones de toneladas un total de 1.233 de residuos plásticos en 2021, de los cuales sólo 58 millones se alcanzaron a reciclar. Considerando que solo es una estimación ya que actualmente la mayoría d ellos países no cuenta con cifras fiables sobre el plástico reciclado o su defecto un indicador que pueda servir para medir cuanto plástico se produce y cuanto se desecha. Esta situación cada día es más complicada ya que para el 2022 se estimó que el reciclaje de plástico había disminuido en todo el mundo a alrededor del 5-6% en 2021, por debajo de un máximo del 9,5% en 2014 y del 8,7% en 2018.

A esto se añade el hecho de que muchos países, entre ellos y encabezados por Estados Unidos de Norte América (EUA), exportaron millones de toneladas de residuos plásticos a China y los contabilizaron como reciclados a pesar de que gran parte de ellos fueron quemados o vertidos. Sin embargo, la realidad va aún más lejos. Numerosos países, encabezados de forma destacada por EUA, incurrieron en la práctica de exportar millones de toneladas de residuos plásticos a China y contabilizarlos dudosamente como "reciclados", a pesar de que gran parte de ellos acababan incinerados o eliminados de forma inadecuada.

La posible manipulación de las estadísticas de reciclado no sólo falsea el verdadero estado del reciclado de plásticos, sino que también subraya la urgente necesidad de una rendición de cuentas a nivel mundial y de una buena aplicación de prácticas sostenibles para la gestión de los residuos.

Este alarmante descenso de las tasas de reciclado, unido a las prácticas engañosas, pone de relieve la urgencia de reevaluar nuestro enfoque de los residuos plásticos. Debemos dar prioridad a los esfuerzos locales y mundiales para reducir el consumo de plástico, mejorar las infraestructuras de reciclaje y aplicar prácticas responsables de gestión de residuos. Por lo que es responsabilidad social en todos los niveles de la cadena de suministros, tomar conciencia sobre el tema y este es el propósito del presente documento.

DESARROLLO TEORICO

Es importante comprender antes que nada el concepto de contaminación y los tipos que existen para de esta forma comprender el impacto que tienen los plásticos en el medio ambiente y por qué son considerados uno de los principales contaminantes del suelo.

En este sentido, la contaminación para Encinas Malagón, M. (2011), es la concentración de sustancias que pueden presentarse en diferentes formas en el aire, agua o dañando el bienestar saludable de las personas como de los ecosistemas en los que se encuentren. Estos contaminantes se pueden presentar en sustancias, formas u objetos, ruidos, calor entre otros; provocando efectos negativos.

Es importante destacar que la contaminación de los tres elementos presentados en la Imagen I; están relacionados entre sí y difícilmente se puede separar, lo que significa que lo que contamina al suelo contamina al aire y al agua de forma automática.

Imagen 1. Relación de la contaminación con el Aire, Agua y Suelo

Fuente. Encinas Malagón, M. (2011).

Existen diferentes tipos de contaminación la atmosférica es aquella que se encuentra en el aire y es toda la polución por la presencia de diferentes elementos contaminantes como los gases, o las partículas que alteran la composición natural del aire provocando así emisiones contaminantes. Cabe señalar que este tipo de contaminación puede afectar el sitio donde se esté presentando y también puede expandirse por el resto de la región o a nivel global.

Se considera que el agua está contaminada cuando se encuentran sustancias que limitan su uso, las formas en que se puede presentar pueden ser de forma artificial o natural. Las naturales son las geoquímicas y son dispersas a diferencia de las antropogénicas o artificiales, ya que estas se concentran en zonas concretas principalmente en ciudades industriales o grandes urbes, así mismo los contaminantes que emiten son mucho más peligrosos.

El suelo se considera contaminado cuando se encuentran cambios químicos, físicos o biológicos del suelo, esto debido por los altos niveles de sustancias toxicas en él, lo que provoca una pérdida de la productividad en el mismo; en este caso los contaminantes en el suelo no se mueven, permanecen en él lo que muchas veces puede ocasionar la erosión de este. Se debe considerar que para que se vuelva a regenerar se necesitarían al menos unos 10,000 años, una vez que se contamina no se puede regenerar solo es necesario limpiarlo por diferentes procesos como regadío, escorrentía o lixiviación entre otros.

Por lo tanto, la importancia de saber que es reciclar y porque es importante es una responsabilidad que cada persona debería tomar como un valor de vida. La palabra reciclar viene de la palabra griega de kýklos lo que significa circulo u orbita dando a entender que es el resultado por la repetición ordenada de ciertos fenómenos o procesos. Pasando al latín como cyclus cycli dándole el significado de reciclar es hacer circular alguna cosa o volver a ponerla en órbita. (Pascual, 2019).

El proceso de reciclaje de residuos de basura se ha practicado desde décadas atrás, donde por ejemplo el metal se reutilizaba una y otra vez para forjar nuevos objetos de uso cotidiano o de trabajo. Así también como el vidrio, bronce entre otros materiales. Por proceso de reciclaje debemos considerar como las etapas de separación, colección y procesamiento de los despojos con el propósito de obtener ciertos materiales que servirán para crear nuevos productos. Dependiendo del material sería el proceso por aplicar.

Entre los más utilizados están:

1. El proceso mecánico el cual puede ser manualmente o ayudado por maquinas, se utiliza mucho en residuos mezclados y en el reciclaje de plástico.
2. Químico: Son los procesos que impliquen cambios en la composición química del material.
3. Energético: Aprovechamiento de diferentes materias para obtener energías, por ejemplo, las diferentes formas de obtener energía renovable.
4. Biológico: Seria la descomposición de la materia orgánica en presencia o ausencia de oxígeno un ejemplo puede ser los procesos de composta o de algunos fertilizantes de tierra. (ASECA, 2019).

En este sentido es importante conocer cuáles son los tipos de plásticos y sus agrupaciones para identificar los procesos de reciclaje aplicables. Es importante destacar que en algunas ocasiones ciertos tipos de plástico se presenta en la mayoría de las agrupaciones lo que haría la diferencia sería el resto de las sustancias o materias primas que se presenten en el producto.

La clasificación de los plásticos es de la siguiente forma:

1. Tereftalato de Polietileno, PET. Considerado el material más utilizado para los envases. Tiene la ventaja de ser reciclable con él se pueden obtener fibras para rellenar almohadas o crear alfombras, por ejemplo.
2. Polietileno de alta densidad, HDPE: Sus características son más rigidez y grosor, el cual presenta un mayor aguante al frio como al calor. Su principal uso es para producir garrafas, detergentes, botellas de lácteos, bolsas de plástico. Su reciclaje se puede servir para producir contendores de basura o macetas.
3. Polivinilo, PVC: Se utiliza para fabricar botellas de jabón, detergente, juguetes tuberías, mangueras y algunos empaques de comida. Este material NO es reciclable.
4. Polietileno de baja densidad, LDPE: Material cuya característica principal es por ser muy seguro. Se utiliza para botellas de agua, bolsas del mercado, guantes.
5. Polipropileno, PP: Sus características son la resistencia al calor y que no permite la entrada de la humedad, grasa o algún producto químico. Se utiliza para envases de mantequilla, yogurt, popotes, tapas de botellas entre otros.
6. Poliestireno, PS: Considerado como uno de los principales contaminantes, ya que este se utiliza para los envases de comida rápida o para llevar, por lo que estos

envases no deben de ser reutilizados nuevamente para guardar alimentos.

7. Otros plásticos y materiales compuestos. Son aquellos que se encuentran combinados entre sí. Compuesto principalmente por Policarbonato y se encuentran en las botellas de salsas, biberones, jeringas entre otros. (Envaselia, 2024).

Los códigos para cada plástico se pueden ver en la Imagen 2.

Imagen. Códigos para cada tipo de plástico

Fuente. Elaboración propia.

El plástico, es una materia prima que es parte de un estilo de vida en la actualidad, mismo que se debe de tomar en cuenta por los altos índices de consumo en sus diferentes presentaciones, reciclables o no reciclables. Una de las principales preocupaciones son los micro plásticos ya que se encuentran presentes en el ambiente y el impacto es directamente en la salud. Por lo que es parte de la responsabilidad social el informar cuales son los riesgos de su uso y por qué se debe disminuir.

Se debe de considerar que, para poder reciclar los diferentes tipos de plástico, implica un proceso complejo, ya que se deben de recolectar, separar por categorías, procesar de forma adecuada su transformación y posteriormente aprovecharlos nuevamente como materia prima. La recolección de residuos plásticos puede ser tanto post-consumo, el cual viene de los hogares o negocios, como postindustrial, generado durante procesos de manufactura. Una vez recogidos, los plásticos se someten a una fase de separación, donde se clasifican según su tipo y grado de contaminación.

De acuerdo con el Gobierno de México (2024), los plásticos de un solo uso representan la mitad de la producción anual, lo que conlleva graves consecuencias para el medio ambiente. Cada año, alrededor de un millón de aves marinas, 100,000 tortugas y mamíferos marinos, pierden la vida debido a la contaminación plástica en los océanos. Además, el 40% del plástico fabricado se destina a envases de un solo uso, contribuyendo significativamente a la acumulación de desechos plásticos. Se estima que durante el año 2050, la cantidad de plásticos en los mares superará la población de peces, convirtiéndose así en un dato estadístico alarmante por el daño que causara en los ecosistemas marinos. Cada año, terminan en el mar en promedio 8 millones de toneladas de plástico, exacerbando aún más el problema de la contaminación marina.

EL RECICLAJE Y EL DISCURSO SOBRE EL RECICLAJE

Ahora bien, es importante determinar lo que realmente es el reciclado de plástico y qué es lo que los gobiernos están diciendo que se recicla. De acuerdo con los estándares de Ellen MacArthur Foundation's New Plastic Economy, un artículo debe de tener una tasa estimada del 30% para ser clasificado como "reciclable". (Ellen Macarthur Foundation, 2024)

Dos de los plásticos más comunes en el mundo que son comúnmente considerados como reciclables son el PET 1 (polietileno) y el HDPE 2 (Polietileno de Alta Intensidad), normalmente botellas y jarras, caen muy por debajo del límite del EMF NPE, solo consiguiendo tasas de reprocesamiento del 20.9% y 10.3% respectivamente. Para cualquier otro tipo de plástico, la tasa de reprocesamiento es menor al 5%.

Por otra parte, mientras el PET 1 y el HDPE 2, fueron previamente concebidos como reciclables, en algunos casos, aunque estos fueron mandados a una planta de proceso de reciclaje, no necesariamente fueron reciclados, negando efectivamente la demanda del reciclaje. (Greenpeace, 2024)

Esto significa que casi ningún empaquetado de plástico cumple la definición de reciclable, por los estándares del EMF NPE. La incoherencia entre la afirmación de las industrias sobre la reciclabilidad y el riguroso estándar establecido por las normas NPE de la CEM revela la urgente necesidad de reevaluar el enfoque del uso del plástico. En lugar de confiar en etiquetas y garantías engañosas, debería haber una mayor transparencia sobre la situación real del reciclado. Este cambio deben proporcionarlo las industrias y los gobiernos que engañan activamente a los consumidores sobre esta situación para promover la reducción del uso del plástico y también para invertir en soluciones innovadoras que den prioridad al medio ambiente frente a la conveniencia de las industrias y el gobierno.

Para empeorar las cosas, los métodos convencionales de reciclado mecánico y químico de los residuos plásticos han demostrado ser ineficaces debido a varios problemas inherentes. Los residuos plásticos plantean importantes dificultades de recogida, ya que suelen estar dispersos y es difícil reunirlos de forma eficiente. Además, el proceso de clasificación para el reciclado es una tarea formidable, dados los diversos tipos de plásticos y sus mezclas. Además, el coste medioambiental de reprocesamiento de los residuos plásticos puede ser considerable, ya que puede implicar procedimientos de alto consumo energético y puede liberar emisiones nocivas. Además, los residuos plásticos suelen estar compuestos o contaminados por sustancias tóxicas, lo que complica aún más el proceso de reciclado y plantea problemas de salud. Por último, económicamente hablando, el reciclado de residuos plásticos resulta a menudo inviable. Estos obstáculos subrayan la acuciante necesidad de un planteamiento más sostenible de la gestión y uso los residuos y por ende del plástico.

Recoger el inmenso volumen de plástico que se vende anualmente en todo el mundo, en muchos casos, sencillamente inviable y poco práctico desde una postura económica. Aunque los grupos de defensa de la industria han pregonado durante mucho tiempo el reciclado de plásticos como la panacea para los residuos plásticos, las pruebas empíricas sugieren que una parte significativa de los artículos de plástico no es, de hecho, apta para el reciclado. Por lo tanto, la verdadera solución reside en la transición a sistemas que den prioridad a la reutilización y el rellenado, ya que esto ofrece un enfoque más eficaz para frenar los residuos de plástico.

La continua narrativa propagada por muchas empresas e industrias que insiste en el reciclaje como una solución sencilla y superior contrasta con la dura realidad a la que nos enfrentamos. Como ya se ha mencionado, la viabilidad económica del reciclaje es cuestionable y, con todas las dificultades a las que se enfrenta, los costes superan a los beneficios. Las empresas y las industrias deben ser más transparentes sobre estos retos y enfrentarse a la verdad. Es evidente que el énfasis no debe ponerse en el reciclaje, sino en reducir el uso de plástico y adoptar alternativas a los residuos plásticos. Es hora de que las empresas reconozcan las discrepancias entre sus afirmaciones de marketing y la realidad y cambien su enfoque hacia una solución genuina.

LA VERDADERA HISTORIA DEL RECICLAJE DE PLÁSTICO

Cada vez se produce más plástico y, como hemos señalado, se recicla un porcentaje aún menor. La crisis no hace más que agravarse y, sin un cambio drástico, seguirá empeorando, ya que la industria planea triplicar la producción de plástico para 2050. (Conservation International, 2024)

Con todos los residuos plásticos que van a parar al océano, también se calcula que en 2050 habrá probablemente más plástico en el océano en peso que peces. La clave para afrontar este reto, como explica Jen Howard, directora de océanos y clima de Conservación Internacional, empieza en tierra firme. No se trata sólo de reciclar botellas de agua de plástico o utilizar bolsas de la compra reutilizables. En su lugar, sugiere que se debe de cambiar la forma en la que utilizamos y consideramos al plástico, con el objetivo principal de reducir nuestro consumo de plástico.

A medida que la producción de plástico se dispara, también lo hace el impacto devastador que tiene en los ecosistemas, la vida silvestre y la salud, esto provocado por la contaminación plástica que se infiltra en nuestros océanos, ríos y tierras, causando daños a la vida acuática y la vida silvestre, y estos tienen riesgos potenciales para la salud.

De acuerdo con el Natural Resources Defense Council (2024), más del 99% del plástico está hecho de residuos fósiles, y mientras las grandes marcas continúan su adicción a este material dañino, están alimentando al impacto climático y pone en peligro a las comunidades al margen de una ganancia.

En todo el mundo podemos atestiguar el impacto sanitario de la industria del plástico, ya sea a través de incineradoras, vertederos, instalaciones petroquímicas, vías fluviales contaminadas o los nocivos envases de plástico que se imponen a las comunidades. Este impacto negativo pone en peligro a las poblaciones locales, en las que los cursos de agua contaminados y atascados con residuos plásticos no sólo dañan los ecosistemas acuáticos, sino que también amenazan la salud la sociedad que dependen de las fuentes de agua. Además, la proliferación de envases de plástico de un solo uso inunda las comunidades de residuos innecesarios, lo que aumenta la carga que supone gestionar los riesgos de salud relacionados con el plástico. (PR Newswire, 2024)

¿REGRESAR AL USO DEL PLÁSTICO?

El mundo entero se encuentra en una situación decisiva sobre la contaminación por plásticos; es hora de que las empresas cierren la llave del plástico en lugar de seguir haciendo "lavado verde" y engañando al público. Este momento se presenta como una oportunidad para que las organizaciones reevalúen sus procesos de producción, sus opciones de envasado y sus estrategias de gestión de residuos. Al adoptar alternativas sostenibles, como los materiales biodegradables y el diseño innovador, las empresas no sólo pueden reducir su impacto ambiental, sino también mejorar su reputación y competitividad en un mercado cada vez más consciente de la ecología.

Las empresas deben tomar medidas para mitigar los problemas sistémicos asociados al reciclado de plásticos, como la eliminación progresiva de los plásticos de un solo uso, el compromiso de utilizar envases reutilizables estandarizados y la adopción de normas internacionales más agresivas en todo el proceso que conlleva la producción y gestión de los plásticos, así como sus residuos hasta llegar a su reciclado. (Earthjustice, 2024).

CONCLUSION

Considerando todo lo antes argumentado sobre el reciclaje y los residuos, es fundamental que el mundo entero se centre en reducir el consumo total de plástico, en lugar de confiar únicamente en el reciclaje como solución. Las empresas deberían aconsejar y seguir tomando medidas para animar a la gente a minimizar la huella del plástico reduciendo activamente la cantidad de plástico que se utiliza en el día a día y optando por alternativas reutilizables a los residuos plásticos.

La contaminación por plásticos es un problema mundial que ha llegado a un punto crítico que exige medidas inmediatas y un cambio de mentalidad. Es evidente que el reciclaje tradicional por sí solo es insuficiente para combatir la creciente crisis de los residuos plásticos. En su lugar, la solución pasa por adoptar un enfoque holístico que dé prioridad a la reutilización, el rellenado y las alternativas de envasado sostenibles. Esta transición no sólo aborda las limitaciones del reciclaje, sino que también se alinea con las preferencias de los consumidores por opciones ecológicas y ofrece oportunidades económicas para las empresas.

REFERENCIAS BIBLIOGRÁFICAS

Greenpeace. (2022). *Plastic Recycling is a Dead-End Street.* United States of America: Greenpeace USA.

Pascual, A. (2019). *Stop Basura: La verdad sobre reciclar.* EUA: Alex Pascual.

ASECA. (17 de 06 de 2019). *ASECA.* Obtenido de https://aseca.com/proceso-de-reciclaje/

Envaselia. (15 de Abril de 2024). *Tipos de Plástico.* Obtenido de https://www.envaselia.com/blog/tipos-de-plastico-id7.htm

Gobierno de México. (10 de Abril de 2024). *Procuraduría Federal del Consumidor.* Obtenido de Contaminación por Plástico: https://www.gob.mx/profeco/es/articulos/contaminacion-por-plastico?idiom=es

Ellen Macarthur Foundation. (10 de Abril de 2024). *Ellen Macarthur Foundation.* Obtenido de Plastics and the circular economy-deep dive: https://www.ellenmacarthurfoundation.org/plastics-and-the-circular-economy-deep-dive#:~:text=In%20a%20new%20plastics%20economy,reusable%2C%20recyclable%2C%20or%20compostable.

Greenpeace. (15 de Enero de 2024). *Greenpeace.* Obtenido de https://www.greenpeace.org/mexico/noticia/

Conservation International. (10 de Abril de 2024). *Conservation International.* Obtenido de Conservation International: https://www.conservation.org/about

Natural Resources Defense Council. (30 de April de 2024). *Data, Reports and Resources.* Obtenido de single-Use Plastics 101: https://www.nrdc.org/stories/single-use-plastics-101

PR Newswire. (10 de Abril de 2024). *News Releases.* Obtenido de Blue Sphere Provides Business Update: https://www.prnewswire.com/news-releases/blue-sphere-provides-business-update-300537806.html

Earthjustice. (10 de Abril de 2024). *Action Alerts.* Obtenido de Plastic harm our helth and destroy our planet.: https://earthjustice.org/action/plastics-are-harming-our-health-and-destroying-our-planet

Capítulo 2

Comportamiento y conciencia ambiental de estudiantes universitarios: un estudio sobre percepciones y prácticas sostenibles de reciclaje

CARLOS ALBERTO FLORES SÁNCHEZ[1]
ROBERT EFRAIN ZARATE CORNEJO[2]

RESUMEN: Este estudio investiga el nivel de conciencia y compromiso con el reciclaje y la sostenibilidad entre estudiantes universitarios, y cómo estos factores influyen en sus comportamientos y prácticas diarias relacionadas con la gestión de residuos. Mediante encuestas, se recopilaron datos sobre las percepciones y prácticas de reciclaje de una muestra representativa de la comunidad estudiantil. Los resultados revelan una diversidad de actitudes y comportamientos, destacando la congestión vehicular y la contaminación por residuos sólidos como preocupaciones ambientales dominantes. Si bien

1 Dr. en Ciencias económicas, profesor de tiempo completo de la Facultad de Contaduría y Administración, de la Universidad Autónoma de Baja California. Email: carlos.flores@uabc.edu.mx. ORCID: https://orcid.org/0000-0003-1516-166X.

2 Dr. en Ciencias económicas, profesor de tiempo completo de la Facultad de Contaduría y Administración, de la Universidad Autónoma de Baja California. Email: robertzarate@uabc.edu.mx. ORCID: https://orcid.org/0000-0002-6636-1939

algunos participantes muestran disposición a participar en la economía informal de reciclaje, persisten barreras como la falta de información y la comodidad. Estos hallazgos resaltan la necesidad de intervenciones educativas y políticas ambientales que promuevan una mayor conciencia ambiental y prácticas sostenibles entre los estudiantes universitarios.

PALABRAS CLAVE: Estudiantes universitarios, conciencia ambiental, reciclaje

ABSTRACT: This study investigates the level of awareness and commitment to recycling and sustainability among university students, and how these factors influence their daily behaviors and practices related to waste management. Through surveys, data on recycling perceptions and practices were collected from a representative sample of the student community. The results reveal a diversity of attitudes and behaviors, highlighting traffic congestion and solid waste pollution as dominant environmental concerns. Although some participants show a willingness to participate in the informal recycling economy, barriers such as lack of information and convenience remain. These findings highlight the need for educational interventions and environmental policies that promote greater environmental awareness and sustainable practices among university students.

KEYWORDS: University students, environmental awareness, recycling

INTRODUCCIÓN

El interés por el medio ambiente ha impulsado a un incremento en la investigación sobre el reciclaje y la sensibilidad ambiental, en particular entre los estudiantes de educación superior. Este grupo demográfico es de particular interés debido a su potencial para influir en las prácticas sostenibles y su papel como futuros líderes en la promoción de la sostenibilidad. El presente estudio se enfoca en comprender el comportamiento y la conciencia ambiental de los estudiantes universitarios en relación con el reciclaje, explorando cómo estos factores influyen en sus prácticas diarias de gestión de residuos.

La relevancia de esta investigación se fundamenta en la necesidad de abordar el problema creciente de la generación de residuos, especialmente en entornos universitarios donde la cantidad de desechos producidos es significativa. Como han señalado varios estudios (Wan et al., 2012; Watson et al., 2017), las universidades tienen un papel clave en la promoción de la conciencia ambiental y el comportamiento sostenible entre los estudiantes, lo que puede contribuir a la reducción de la cantidad de desechos generados.

La literatura existente resalta la importancia de comprender tanto el comportamiento de reciclaje como la conciencia ambiental de los estudiantes universitarios (Moqbel et al., 2020; Boca & Saraçli, 2019), así como los factores que influyen en estos aspectos, como las normas sociales y personales, la educación ambiental y la disponibilidad de infraestructura de reciclaje (Hopper & Nielsen, 1991; Wan et al., 2017). Estos estudios proporcionan un marco teórico sólido para nuestra investigación, que busca analizar cómo estos factores se relacionan con las prácticas de reciclaje de los estudiantes.

Nuestro estudio también aborda la falta de investigación en áreas específicas, como las diferencias demográficas en la conciencia ambiental y el comportamiento de reciclaje (Paghasian, 2017; Alsaati et al., 2020), así como la eficacia de los programas educativos y las iniciativas en el campus para promover prácticas sostenibles (Watson et al., 2017; Moqbel et al., 2020). Al comprender mejor estos aspectos, podemos desarrollar estrategias más efectivas para fomentar el reciclaje y la sostenibilidad entre los estudiantes universitarios, contribuyendo así a la construcción de una sociedad más sostenible para las generaciones futuras.

REVISIÓN DE LITERATURA

Entender el comportamiento de reciclaje y la conciencia ambiental entre los estudiantes universitarios reviste gran importancia por diversas razones. Primero, dado que las universidades son considerables generadoras de residuos, fomentar un comportamiento de reciclaje efectivo entre los estudiantes puede contribuir significativamente a reducir la cantidad de desechos producidos (Wan et al., 2012).

Segundo, las universidades, como instituciones de educación superior, tienen la capacidad de promover la conciencia ambiental y el comportamiento sostenible entre los estudiantes, lo que podría ayudar a establecer una cultura de sostenibilidad que estos puedan trasladar a sus futuras carreras y vidas personales (Watson et al., 2017).

Tercero, las universidades tienen la responsabilidad de adoptar y promover prácticas sostenibles, y por ende, minimizar su impacto ambiental; comprender el comportamiento de reciclaje y la conciencia ambiental de los estudiantes puede proporcionar a las universidades información valiosa para desarrollar políticas y programas efectivos para alcanzar estos objetivos (Moqbel et al., 2020).

Cuarto, la investigación ha demostrado que los programas educativos y las iniciativas en los campus pueden incrementar la probabilidad de que los estudiantes adopten comportamientos sostenibles, como el reciclaje o el ahorro de energía (Boca & Saraçli, 2019). Finalmente, el fomento del comportamiento de reciclaje y la conciencia ambiental entre los estudiantes universitarios puede ser instrumental para el objetivo más amplio de construir una sociedad más sostenible, dado que las universidades son cunas de futuros líderes."

Los dos conceptos principales en el contexto del reciclaje entre los estudiantes de educación superior: el comportamiento de reciclaje y la conciencia ambiental. El comportamiento de reciclaje encapsula las acciones que los estudiantes realizan para segregar y eliminar los desechos de una manera que conduzca a su reutilización o reutilización (Moqbel et al., 2020; Sallaku et al., 2020; Wan et al., 2012). La conciencia ambiental, por otro lado, refleja el grado de conocimiento y comprensión de los estudiantes sobre las preocupaciones ambientales, incluida la importancia del reciclaje y su impacto ambiental (Boca & Saraçli, 2019; Watson et al., 2017).

Estos temas están subrayados por varios aspectos fundamentales. Los programas educativos, por ejemplo, tienen como objetivo informar a los estudiantes sobre los beneficios y métodos del reciclaje (Wan et al., 2012; Watson et al., 2017), mientras que los bancos de residuos ofrecen una vía de reciclaje voluntario a través del establecimiento de puntos de depósito para materiales reciclables dentro de las instituciones académicas (Alias et al., 2019). Además, la noción de sostenibilidad, o la capacidad de satisfacer las necesidades presentes sin poner en peligro la capacidad de las generaciones futuras para hacer lo mismo, posiciona el reciclaje como un elemento crucial (Pelau & Chinie, 2018; Sallaku et al., 2020). Esto está respaldado por la provisión de instalaciones de reciclaje, infraestructura física como contenedores, puntos de recolección e instalaciones de procesamiento de desechos, por parte de las instituciones académicas (Chan & Hsieh, 2022). Por último, el papel de la influencia de los pares es significativo, destacando el impacto potencial del comportamiento y las actitudes de los pares en los hábitos de reciclaje individuales (Dixon & Parker, 2021). Estos conceptos subrayan el papel crucial de fomentar el comportamiento de reciclaje y la conciencia ambiental entre los estudiantes de educación superior mediante una combinación de estrategias.

Según la investigación, los programas educativos y las demostraciones en los campus pueden aumentar la probabilidad de comportamientos sostenibles, como el reciclaje, entre los estudiantes universitarios (Watson et al., 2017) (Moqbel et al., 2020). Vivir en edificios ecológicos también puede aumentar la frecuencia de comportamientos auto informados de reciclaje y defensa del medio ambiente (Watson et al., 2017). Sin embargo, los estudios sugieren que la investigación futura debería centrarse en investigar la eficiencia del reciclaje para todo el campus y aumentar el comportamiento proambiental entre los estudiantes y el personal de las instituciones de educación superior (Moqbel et al., 2020). Se cree que los estudiantes universitarios son más conscientes del medio ambiente en cuanto a los problemas de sostenibilidad, y las universidades juegan un papel importante en la sensibilización sobre los problemas ambientales y la sostenibilidad (Abdah et al., 2020). Si bien la orientación ambiental de los estudiantes es un antecedente de su disposición a participar en programas de sustentabilidad, el mediador más fuerte en este proceso es la preocupación por los temas ambientales, seguida de las actividades educativas universitarias y la promoción universitaria de iniciativas sustentables (Figueredo & Tsarenko, 2013). Sin embargo, algunos estudios sugieren que, a pesar de que los estudiantes muestran una gran conciencia y preocupación por la sostenibilidad ambiental del campus, carecen de interés y voluntad para participar en iniciativas destinadas a lograr la sostenibilidad (Abubakar et al., 2016).

La literatura proporciona una variedad de perspectivas sobre los factores que influyen en el comportamiento de reciclaje. Un estudio temprano realizado por (Oskamp et al., 1991) investigó los factores que alientan o disuaden el reciclaje a través de entrevistas telefónicas con adultos en una ciudad suburbana. Esta investigación tuvo lugar durante el primer año de un programa de reciclaje en la acera a nivel de ciudad, proporcionando valiosos conocimientos sobre las respuestas iniciales a tales iniciativas.

Numerosos estudios han utilizado modelos teóricos para entender mejor el comportamiento de reciclaje. Hopper & Nielsen, (1991), por ejemplo, aplicó el modelo de altruismo de Schwartz, encontrando que el comportamiento de reciclaje está influenciado por las normas sociales, las normas personales y la conciencia de las consecuencias. De manera similar, Ari & Yilmaz (2016) se basó en la teoría de comportamiento planificado (TPB) y el modelo de activación normativa (NAM) para estudiar las actitudes y comportamientos de reciclaje. Sin embargo, algunos estudios han desafiado aspectos de estos modelos. Chen & Tung (2009) encontró que el control comportamental percibido, a menudo un componente significativo de tales modelos no predijo significativamente el comportamiento de reciclaje.

Las actitudes hacia el reciclaje se han identificado como factor significativo en muchos estudios. Wan et al. (2017) descubrió que tanto las actitudes experimentales como las instrumentales, junto con el efecto de interacción de la actitud y la norma subjetiva, influyeron significativamente en la intención de reciclaje. Corroborando esto, Biswas et al. (2000) descubrió que las actitudes hacia el reciclaje afectaban significativamente el comportamiento de reciclaje de residuos y compras de reciclaje.

Otros estudios se han centrado en factores más específicos o menos estudiados que influyen en los comportamientos de reciclaje. Trudel & Argo (2013) exploró la influencia de factores relacionados con el producto, como el tamaño y la distorsión de la forma del producto. Mamun et al., (2018) examinó específicamente los factores que influyen en la intención de reciclaje y el comportamiento entre los hogares de bajos ingresos, una demografía que a menudo se pasa por alto en la investigación de reciclaje.

Finalmente, los factores normativos han sido enfatizados en varios estudios (Nguyen & Lobo, 2017) encontraron que todos los determinantes influían en el comportamiento de reciclaje excepto las normas morales. Mientras tanto, Edgerton et al. (2008) señaló que los factores normativos han recibido una considerable atención como determinantes psicológicos del comportamiento de reciclaje.

Los estudios indican que los estudiantes universitarios generalmente tienen un alto nivel de conciencia sobre la gestión de residuos y la sostenibilidad, pero sus prácticas y comportamientos varían. Paghasian (2017) encontró que la conciencia de los estudiantes sobre la gestión de residuos tuvo una influencia positiva en sus prácticas relacionadas con la segregación, reducción, reutilización y reciclaje. Bashir et al., (2020) descubrió que un programa de segregación de desechos implementado en el área de una residencia universitaria condujo a una reducción en la generación de desechos y a un aumento en la conciencia de los estudiantes sobre la gestión de desechos. Ifegbesan et al., (2017) encontró que, si bien los estudiantes tenían una predisposición positiva hacia formas innovadoras de abordar los desafíos de la gestión de residuos, existían diferencias significativas en la conciencia y disposición de los estudiantes según el género, la edad, el nivel académico y las facultades. Alsaati et al. (2020) descubrió que, aunque un alto porcentaje de participantes había escuchado el término "sostenibilidad" en fuentes educativas, carecían de conocimientos sobre sostenibilidad, especialmente en lo que respecta al reconocimiento de materiales reciclados, materiales renovables y medidas de consumo de energía. El estudio también encontró que la mayoría de los estudiantes no participaban en ningún tipo de reciclaje.

En resumen, la literatura sugiere que el comportamiento de reciclaje está influenciado por una gran cantidad de factores, incluyendo, pero no limitado a actitudes, normas sociales y personales, conciencia de las consecuencias y percepción de la falta de instalaciones. Sin embargo, la importancia relativa de estos factores puede variar dependiendo del contexto y la demografía específicos que se estén considerando.

METODOLOGÍA

La presente investigación se llevó a cabo en la Universidad Autónoma de Baja California, campus Tijuana, con el objetivo de explorar las actitudes y comportamientos de la comunidad universitaria hacia el medio ambiente y el reciclaje. Se utilizó una metodología de encuesta para recopilar datos descriptivos sobre aspectos relacionados con la percepción y práctica de reciclaje entre los estudiantes participantes. La muestra consistió en estudiantes, Universidad Autónoma de Baja California, campus Tijuana, seleccionados aleatoriamente para participar en el estudio. El instrumento que se diseñó constaba de seis preguntas principales:

1. Género
2. Según su percepción, ¿Cuál es el principal problema ambiental que lo afecta a Ud.?
3. Semanalmente, ¿separa los residuos de su basura para reciclar?
4. ¿Por qué no separa los residuos de su basura para reciclar?
5. Cuando separa los residuos de su basura para reciclar ¿Qué cosas separa? (Sólo para los que separan sus residuos semanalmente).
6. Cuando separa los residuos de su basura para reciclar ¿Qué hace con lo que separa?

El cuestionario se aplicó a los participantes de manera presencial en diferentes puntos del campus universitario. Se explicó el propósito del estudio y se aseguró la confidencialidad de las respuestas. Los participantes completaron el cuestionario de forma voluntaria y anónima. Los datos recopilados se analizaron mediante técnicas estadísticas descriptivas para obtener una comprensión general de las actitudes y comportamientos de la muestra hacia el reciclaje. Se utilizaron frecuencias y porcentajes para describir la distribución de las respuestas en cada pregunta.

RESULTADOS

La encuesta se aplicó a 872 estudiantes, 551 mujeres y 321 hombres, todos del campus Tijuana.

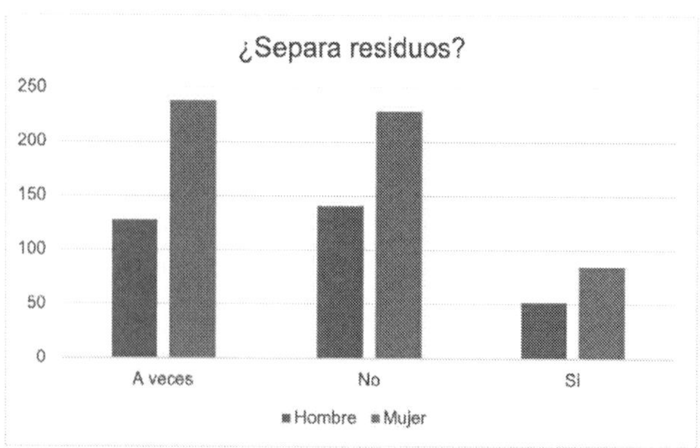

En primer lugar, se observó que una proporción considerable de participantes, tanto hombres como mujeres, reportaron separar residuos solo “a veces”. Específicamente, 128 hombres (aproximadamente el 40% de los participantes masculinos) y 238 mujeres (alrededor del 43% de las participantes femeninas) indicaron esta práctica ocasional.

Por otro lado, se identificó un número significativo de participantes que afirmaron no separar residuos en absoluto. Los resultados muestran que 141 hombres (cerca del 44% de los participantes masculinos) y 228 mujeres (aproximadamente el 41% de las participantes femeninas) reportaron no separar sus residuos para reciclar.

Por último, se encontró que una minoría de participantes, tanto hombres como mujeres, indicaron que sí separan sus residuos para reciclar de manera regular. Específicamente, 52 hombres (aproximadamente el 16% de los participantes masculinos) y 85 mujeres (alrededor del 15% de las participantes femeninas) reportaron esta práctica.

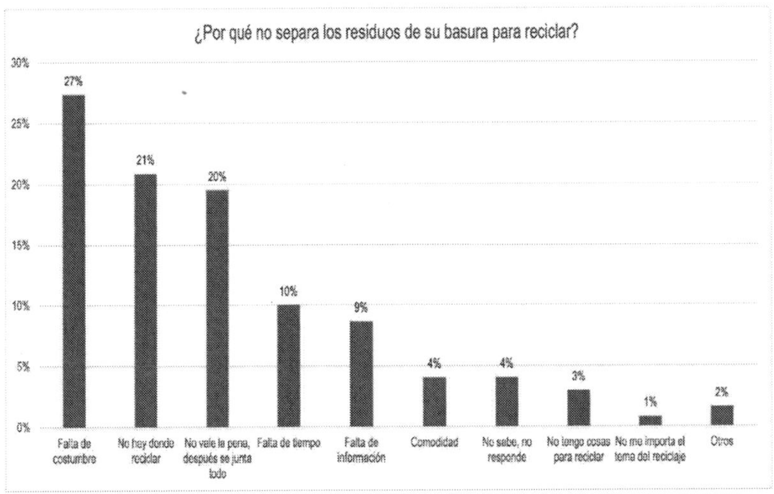

El análisis de las respuestas a la pregunta "¿Por qué no separa los residuos para reciclar?" reveló una variedad de motivos que inciden en el comportamiento de los participantes respecto al reciclaje. Los resultados son en base a los participantes que respondieron que no separan residuos para reciclar. En primer lugar, la falta de costumbre fue identificada como la razón más prevalente, señalada por 101 participantes (27%), sugiriendo que la ausencia de un hábito arraigado dificulta la adopción de prácticas de reciclaje. Además, setenta y siete participantes (21%) expresaron la falta de lugares adecuados para reciclar como un factor limitante, destacando la necesidad de infraestructura y servicios de reciclaje más accesibles.

Además, se observó que la percepción de que el esfuerzo de separar residuos no tiene un impacto significativo, pues eventualmente todo se mezcla nuevamente, fue mencionada por 72 participantes (20%). Este hallazgo resalta la importancia de educar sobre los beneficios a largo plazo del reciclaje y la gestión adecuada de los desechos. Otros factores, como la falta de tiempo, la escasez de información sobre el reciclaje y

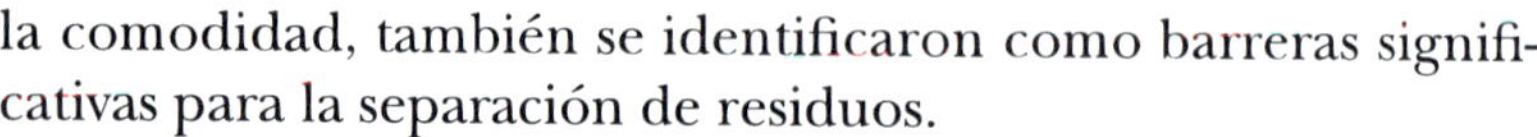

la comodidad, también se identificaron como barreras significativas para la separación de residuos.

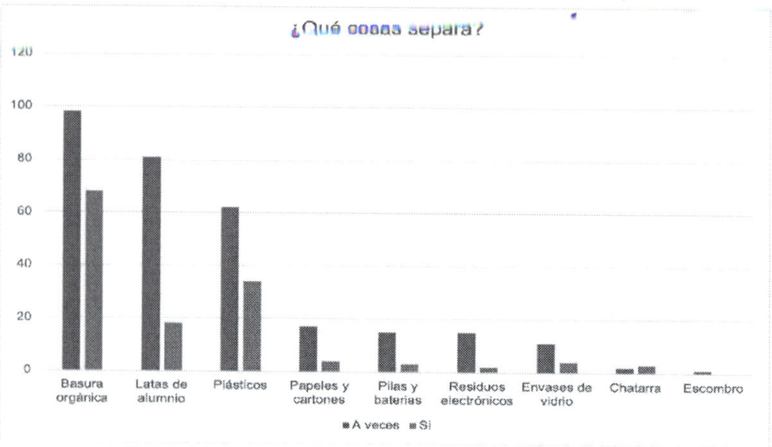

El análisis de las respuestas a la pregunta sobre los tipos de residuos separados para reciclar reveló una variedad de materiales que los participantes segregan en sus prácticas de reciclaje. Los resultados muestran que los participantes reportaron separar una combinación de materiales orgánicos e inorgánicos, con ciertas diferencias en la frecuencia de separación. A continuación, se presentan los hallazgos principales:

En primer lugar, se observó que la basura orgánica fue el material más comúnmente separado tanto ocasionalmente como de manera regular, con 98 y 68 respuestas respectivamente.

En cuanto a los materiales inorgánicos, las latas de aluminio se segregaron con mayor frecuencia que otros, aunque se registró una disminución significativa en la frecuencia de separación entre los que lo hacen ocasionalmente y los que lo hacen regularmente, con 81 y 18 respuestas respectivamente.

Además, se encontró que los plásticos fueron separados por una cantidad considerable de participantes, con 62 y 34 respuestas para la separación ocasional y regular respectivamente.

Otros materiales menos comunes separados para reciclar incluyeron papeles y cartones, pilas y baterías, residuos electrónicos, envases de vidrio, chatarra y escombros, aunque en menor proporción en comparación con los materiales mencionados anteriormente.

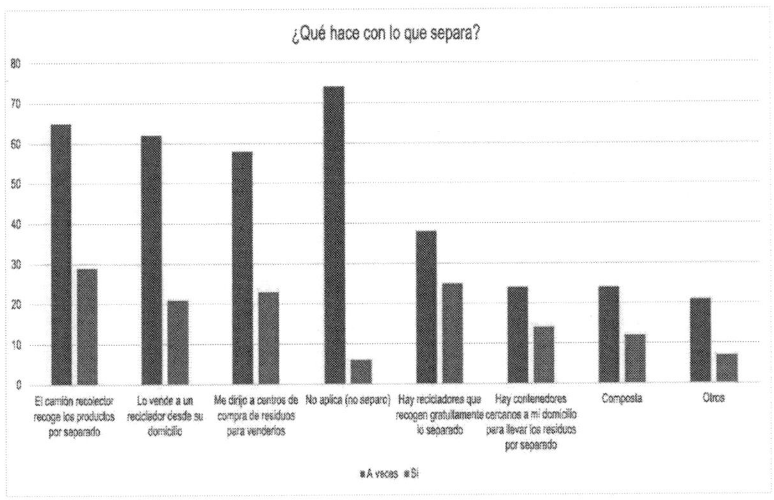

El análisis de las respuestas a la pregunta sobre qué hacen los participantes con los residuos separados para reciclar reveló una variedad de prácticas de gestión de residuos. Se observaron diferencias en las estrategias de manejo según la frecuencia de separación. A continuación, se presentan los principales hallazgos:

En primer lugar, se identificó que una proporción significativa de participantes que separan residuos lo hacen con la expectativa de que el camión recolector los recoja por separado, con 65 y 29 respuestas para la separación ocasional y regular respectivamente. Esto sugiere una confianza en los servicios municipales de gestión de residuos para la recolección selectiva.

Además, se encontró que una cantidad considerable de participantes venden los residuos separados a recicladores, ya sea desde su domicilio (62 y 21 respuestas para la separación ocasional y regular respectivamente) o llevándolos personalmente a centros de compra de residuos (58 y 23 respuestas respectivamente). Estos resultados indican una participación en la economía informal de reciclaje.

También se observó que algunos participantes aprovechan la disponibilidad de recicladores que recogen gratuitamente los materiales separados, con 38 y 25 respuestas para la separación ocasional y regular respectivamente, así como la presencia de contenedores cercanos a sus domicilios para llevar los residuos por separado, aunque en menor medida.

Además, se registraron respuestas que indicaban el compostaje de los residuos orgánicos, así como otras prácticas de gestión de residuos clasificados como “Otros”.

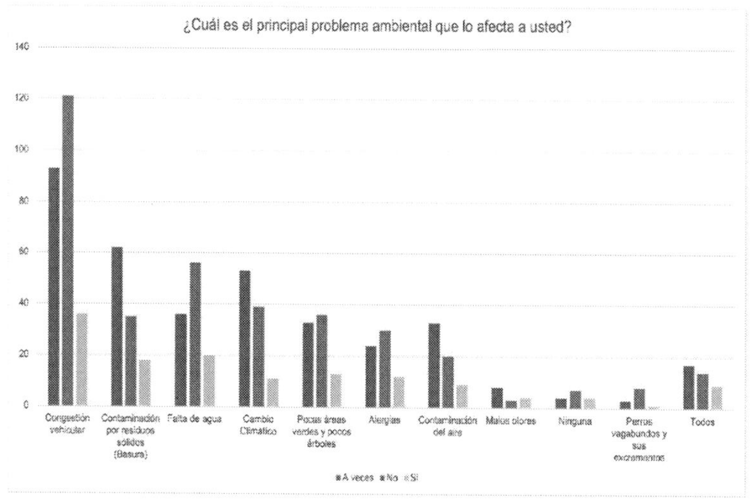

El análisis de las respuestas a la pregunta sobre el principal problema ambiental que afecta a los participantes reveló una diversidad de preocupaciones ambientales en la comunidad estudiantil. Se observaron diferencias en la percepción de los problemas ambientales según la frecuencia de ocurrencia. A continuación, se presentan los principales hallazgos:

En primer lugar, se identificó que la congestión vehicular fue percibida como el principal problema ambiental por un número considerable de participantes, con 93, 121 y 36 respuestas para los que separan los residuos de basura para reciclar de forma ocasional, negativa y la afirmativa respectivamente. Esto refleja una preocupación generalizada por el impacto del tráfico en la calidad del aire y el entorno urbano.

Además, la contaminación por residuos sólidos (basura) fue mencionada como una preocupación importante por parte de los participantes, con 62, 35 y 18 respuestas para los que separan los residuos de basura para reciclar de forma ocasional, negativa y la afirmativa respectivamente. Esto destaca la importancia de abordar los problemas de gestión de residuos y promover prácticas de consumo responsable y reciclaje.

Otras preocupaciones ambientales comunes incluyeron la falta de agua, el cambio climático, la escasez de áreas verdes y árboles, y las alergias, aunque en menor medida. Además, se registraron preocupaciones sobre la contaminación del aire, los malos olores, la presencia de perros vagabundos y sus excrementos, así como la percepción de que todos los problemas ambientales son igualmente importantes.

CONCLUSIONES

Basado en los resultados obtenidos en este estudio sobre el comportamiento y la conciencia ambiental de estudiantes universitarios en relación con las prácticas sostenibles de reciclaje, se pueden extraer varias conclusiones significativas. En primer lugar, se evidencia una diversidad de actitudes y comportamientos entre los participantes, destacando tanto la presencia de prácticas positivas como la persistencia de barreras que limitan la adopción de comportamientos más sostenibles. La percepción de la congestión vehicular como el principal problema ambiental refleja la urgente necesidad de abordar las consecuencias del transporte en las áreas urbanas y promover alternativas más sustentables.

Además, la prevalencia de la congestión vehicular y la contaminación por residuos sólidos como preocupaciones ambientales dominantes subraya la importancia de implementar políticas y programas que fomenten la reducción de emisiones contaminantes y promuevan una gestión adecuada de los desechos. Estos hallazgos sugieren la necesidad de mejorar la infraestructura y los servicios de transporte público, así como de fortalecer la educación ambiental y las campañas de sensibilización sobre la importancia del reciclaje y la reducción de desechos.

Otro aspecto relevante es la disposición de algunos participantes a participar activamente en la economía informal de reciclaje, vendiendo los materiales separados a recicladores locales. Esto resalta el potencial de involucrar a la comunidad en la gestión de residuos y promover prácticas de economía circular que contribuyan a la reducción de la huella ambiental. Sin embargo, también es crucial abordar las barreras percibidas, como la falta de información y la comodidad, que obstaculizan la adopción de prácticas de reciclaje más sistemáticas y generalizadas.

En última instancia, este estudio proporciona una base sólida para futuras investigaciones y para el diseño de intervenciones y políticas dirigidas a promover un comportamiento más consciente y sostenible entre los estudiantes universitarios. La creación de entornos más favorables para el reciclaje, combinada con una mayor conciencia sobre los problemas ambientales y las soluciones disponibles, puede contribuir significativamente a la construcción de comunidades más resistentes y respetuosas con el medio ambiente.

Entender el comportamiento de reciclaje y la conciencia ambiental entre los estudiantes universitarios es fundamental dada la influencia que estas instituciones tienen en la formación de futuros líderes y ciudadanos conscientes. Nuestra investigación ha arrojado a la luz varios aspectos clave, desde los problemas ambientales que afectan a los estudiantes hasta la importancia de la disponibilidad de infraestructura de reciclaje en el campus. Sin embargo, es importante destacar que aún quedan muchos factores por investigar y comprender completamente. Por ejemplo, la influencia de las normas sociales y las actitudes hacia el reciclaje aún requiere un análisis más detallado, al igual que el impacto de las diferencias demográficas en las prácticas de reciclaje. Además, la eficacia a largo plazo de las iniciativas de sostenibilidad en el campus sigue siendo una pregunta abierta. Estas áreas de investigación ofrecen oportunidades emocionantes para futuros estudios, que pueden contribuir aún más a nuestra comprensión del comportamiento de reciclaje y la conciencia ambiental entre los estudiantes universitarios.

REFERENCIAS BIBLIOGRÁFICAS

Abdah, B., Al-Khatib, I. A., & Khader, A. (2020). Birzeit University Students' Perception of Bottled Water Available in the West Bank Market. *Journal of Environmental and Public Health.* https://doi.org/10.1155/2020/5986340

Abubakar, I. R., Al-Shihri, F. S., & Ahmed, S. A. (2016). Students' Assessment of Campus Sustainability at the University of Dammam, Saudi Arabia. *Sustainability.* https://doi.org/10.3390/su8010059

Alias, F. S., Manaf, L. A., Ariffin, M., & Abdullah, S. H. (2019). Enhancing the Potential of Recyclables Waste Collection Through Waste Bank Programme: Experience From Hei in Malaysia. *Planning Malaysia.* https://doi.org/10.21837/pmjournal.v17.i10.637

Alsaati, T., El-Nakla, S., & El-Nakla, D. (2020). Level of Sustainability Awareness among University Students in the Eastern Province of Saudi Arabia. *Sustainability, 12*(8), 3159. https://doi.org/10.3390/su12083159

Ari, E., & Yilmaz, V. (2016). A Proposed Structural Model for Housewives' Recycling Behavior: A Case Study From Turkey. *Ecological Economics.* https://doi.org/10.1016/j.ecolecon.2016.06.002

Bashir, M. J. K., Jun, Y. Z., Yi, L. J., Abushammala, M. F. M., Amr, S. S. A., & Pratt, L. M. (2020). Appraisal of student's awareness and practices on waste management and recycling in the Malaysian University's student hostel area. *Journal of Material Cycles and Waste Management, 22*(3), 916–927. https://doi.org/10.1007/s10163-020-00988-6

Biswas, A., Licata, J. W., McKee, D., Pullig, C., & Daughtridge, C. (2000). The Recycling Cycle: An Empirical Examination of Consumer Waste Recycling and Recycling Shopping Behaviors. *Journal of Public Policy & Marketing.* https://doi.org/10.1509/jppm.19.1.93.16950

Boca, G. D., & Saraçli, S. (2019). Environmental Education and Student's Perception, for Sustainability. *Sustainability.* https://doi.org/10.3390/su11061553

Bryman, A. (2016). *Social research methods.* Oxford university press.

Chan, Y.-K., & Hsieh, M.-Y. (2022). An Empirical Study on Higher Education C-Esg Sustainable Development Strategy in Lower-Birth-Rate Era. *Sustainability.* https://doi.org/10.3390/su141912629

Chen, M.-F., & Tung, P.-J. (2009). The Moderating Effect of Perceived Lack of Facilities on Consumers' Recycling Intentions. *Environment and Behavior.* https://doi.org/10.1177/0013916509352833

Chih-Pei, H., & Chang, Y.-Y. (2017). John W. Creswell, research design: Qualitative, quantitative, and mixed methods approaches. *Journal of Social and Administrative Sciences, 4*(2), 205–207.

Couper, M. P. (2008). *Designing effective Web surveys.* Cambridge University Press.

Dillman, D. A., Smyth, J. D., & Christian, L. M. (2014). *Internet, phone, mail, and mixed-mode surveys: The tailored design method.* John Wiley & Sons.

Dixon, J. L., & Parker, J. (2021). Don't Be a Waster! Student Perceptions of Recycling Strategies at an English University's Halls of Residence. *International Journal of Sustainability in Higher Education.* https://doi.org/10.1108/ijshe-10-2020-0383

Edgerton, E., McKechnie, J., & Dunleavy, K. (2008). Behavioral Determinants of Household Participation in a Home Composting Scheme. *Environment and Behavior.* https://doi.org/10.1177/0013916507311900

Figueredo, F. R., & Tsarenko, Y. (2013). Is "Being Green" a Determinant of Participation in University Sustainability Initiatives? *International Journal of Sustainability in Higher Education.* https://doi.org/10.1108/ijshe-02-2011-0017

Hopper, J. R., & Nielsen, J. M. (1991). Recycling as Altruistic Behavior. *Environment and Behavior.* https://doi.org/10.1177/0013916591232004

Ifegbesan, A. P., Ogunyemi, B., & Rampedi, I. T. (2017). Students' attitudes to solid waste management in a Nigerian university. *International Journal of Sustainability in Higher Education, 18*(7), 1244–1262. https://doi.org/10.1108/ijshe-03-2016-0057

Krejcie, R. V., & Morgan, D. W. (1970). Determining sample size for research activities. *Educational and psychological measurement, 30*(3), 607–610.

Mamun, A. A., Hering, B. J., Ahmad, G., Ramayah, T., & Fazal, S. A. (2018). Recycling Intention and Behavior Among Low-Income Households. *Sustainability.* https://doi.org/10.3390/su10072407

Moqbel, S., Abu-Zurayk, R., Bozeya, A., Alsisan, R., & Bawab, A. A. (2020). Assessment of Sustainable Recycling at the University of Jordan. *International Journal of Sustainability in Higher Education.* https://doi.org/10.1108/ijshe-11-2019-0334

Nguyen, H., & Lobo, A. (2017). Encouraging Vietnamese Household Recycling Behavior: Insights and Implications. *Sustainability.* https://doi.org/10.3390/su9020179

Oskamp, S., Harrington, M. J., Edwards, T. L., Sherwood, D. L., Okuda, S. M., & Swanson, D. A. (1991). Factors Influencing Household Recycling Behavior. *Environment and Behavior.* https://doi.org/10.1177/0013916591234005

Paghasian, M. C. (2017). Awareness and Practices on Solid Waste Management among College Students in Mindanao State University Maigo School of Arts and Trades. *Proceedings of the 3rd International Conference on Education and Training (ICET 2017).* https://doi.org/10.2991/icet-17.2017.2

Pelau, C., & Chinie, A. C. (2018). Econometric Model for Measuring the Impact of the Education Level of the Population on the Recycling Rate in a Circular Economy. *WWW Amfiteatrueconomic Ro.* https://doi.org/10.24818/ea/2018/48/340

Sallaku, R., Baratta, R., Bonfanti, A., & Vigolo, V. (2020). Recycling Behaviour in Higher Education Institutions: A Systematic Literature Review. *Sinergie Italian Journal of Management.* https://doi.org/10.7433/s110.2019.06

Trudel, R., & Argo, J. (2013). The Effect of Product Size and Form Distortion on Consumer Recycling Behavior. *Journal of Consumer Research.* https://doi.org/10.1086/671475

Wan, C., Cheung, R., & Shen, G. Q. (2012). Recycling Attitude and Behaviour in University Campus: A Case Study in Hong Kong. *Facilities.* https://doi.org/10.1108/02632771211270595

Wan, C., Shen, G. Q., & Choi, S. (2017). Experiential and Instrumental Attitudes: Interaction Effect of Attitude and Subjective Norm on Recycling Intention. *Journal of Environmental Psychology.* https://doi.org/10.1016/j.jenvp.2017.02.006

Watson, L., Hegtvedt, K. A., Johnson, C., Parris, C. L., & Subramanyam, S. (2017). When Legitimacy Shapes Environmentally Responsible Behaviors: Considering Exposure to University Sustainability Initiatives. *Education Sciences.* https://doi.org/10.3390/educsci7010013

Capitulo 3

Economía circular: el caso del reciclaje de barras de café en Baja California

RICARDO CORTEZ-SÁNCHEZ[1]
ROBERT EFRAÍN ZÁRATE CORNEJO[2]

RESUMEN: El aumento en el consumo local y la apertura de nuevas cafeterías y barras de café en el Estado de Baja California revelan oportunidades de negocio significativas. Estas oportunidades podrían beneficiarse de la implementación de un modelo de negocio basado en la economía circular, con el objetivo de maximizar el impacto positivo en el estado. Estos establecimientos, que representan uno de los sectores de comercio y gastronomía más dinámicos, no han sido suficientemente contemplados por las políticas públicas actuales ni por el marco regulatorio en términos de promover un desarrollo sostenible. En resumen, falta un mayor impulso a actividades como el reciclaje y el fomento de una cultura de sustentabilidad.

El objetivo del presente capítulo es reflexionar sobre los negocios de cafeterías y barras de café sustentado en economía circular para proponer un

1 Docente en la Facultad de Contaduría y Administración de la Universidad Autónoma de Baja California, Doctorando en Ciencias Administrativas. Correo: cortezr@uabc.edu.mx ORCID ID: ORCID ID 0009-0008-6410-2010.

2 Dr. en Ciencias económicas, profesor de tiempo completo de la Facultad de Contaduría y Administración, de la Universidad Autónoma de Baja California. Email: robertzarate@uabc.edu.mx. ORCID: https://orcid.org/0000-0002-6636-1939

modelo de negocios sostenible de cafeterías y barras de café en el Estado de Baja California. Surge la posibilidad de ofrecer una hoja de ruta que detalle mecanismos y características para que las unidades de negocio involucradas adopten estrategias orientadas a maximizar su impacto ambiental positivo y fomentar una cultura de cooperación. Esta iniciativa podría, además, aumentar las oportunidades de negocio para la comunidad empresarial local en Baja California, contribuyendo así a elevar la complejidad económica y beneficiar económicamente tanto a la comunidad local como a toda la cadena de valor relacionada en el estado.

PALABRAS CLAVE: Economía Circular, mercado, Barras de Café, Baja California.

ABSTRACT: The increase in local consumption and the opening of new cafes and coffee bars in the State of Baja California reveal significant business opportunities. These opportunities could benefit from the implementation of a business model based on the circular economy, with the aim of maximizing the positive impact on the state. These establishments, which represent one of the most dynamic commerce and gastronomy sectors, have not been sufficiently considered by current public policies or by the regulatory framework in terms of promoting sustainable development. In short, there is a lack of greater support for activities such as recycling and the promotion of a culture of sustainability.

The objective of this chapter is to reflect on the cafeteria and coffee bar businesses supported by the circular economy to propose a sustainable business model for cafeterias and coffee bars in the State of Baja California. The possibility arises of offering a roadmap that details mechanisms and characteristics so that the business units involved adopt strategies aimed at maximizing their positive environmental impact and fostering a culture of cooperation. This initiative could also increase business opportunities for the local business community in Baja California, thus contributing to increasing economic complexity and economically benefiting both the local community and the entire related value chain in the state.

KEYWORDS: Circular Economy, Market, Coffee Bars, Baja California.

INTRODUCCIÓN

El creciente consumo local y expansión de nuevas cafeterías y barras de café en el Estado de Baja California abre una oportunidad significativa para ampliar su impacto a través de un modelo de economía circular. Estas unidades, que constituyen uno de los sectores más dinámicos dentro de la gastronomía comercial, aunque actualmente, no cuentan con el respaldo de políticas públicas ni de un marco regulatorio que fomente el desarrollo sostenible.

De acuerdo con la Asociación Mexicana del Café (AMECAFÉ) a partir de 2017, México ha experimentó un notable aumento en la apertura de "barras de especialidad" de cafeterías. Este fenómeno refleja el creciente entusiasmo de emprendedores que reconocen no solo el interés sino también el potencial significativo del café mexicano.

De acuerdo a la AMECAFÉ (2017), para disfrutar una buena taza de café, es crucial comprender cada proceso de la cadena de productiva y su relación con los demás. Desde el cultivo hasta llegar a la taza, cada etapa influye en la calidad del café, justificando la importancia de una cadena bien integrada. La mejor conexión entre los eslabones de la cadena del café no solo facilita su accesibilidad, sino que también garantiza una experiencia excepcional para el consumidor.

Sin embargo, es importante destacar, que en el proceso de elaboración de la tasa de café se generan residuos que deben ser tratados bajo el reciclaje y la promoción de una cultura de sostenibilidad. Esto implica que debemos de adoptar prácticas de reciclaje para favorecer el medio ambiente y conservar los recursos naturales limitados (Ghisellini et al., 2016).

La reutilización de residuos de café en los "cafés bar" es una manera de cumplir con los Objetivos de Desarrollo Sostenible (ODS), donde las empresas pueden alinear sus operaciones a la gestión sostenible de los recursos naturales y la reducción de residuos. Al transformar los residuos de café en recursos útiles, pueden disminuir su generación de residuos y fomentar la economía circular. También reducir la cantidad de residuos que terminan en los vertederos (Elia et al., 2017).

MARCO TEORICO

Teoría de la Economía Circular

La economía circular es una nueva disciplina económica que bajo un modelo económico busca reducir el consumo de recursos y la generación de residuos, lo que ha generado la atención de empresas, políticos y fomentando la investigación científica (Murray et al., 2017). Según Matus et al. (2012), su capacidad para integrar estrategias de diferentes enfoques le ha dado un gran potencial para adaptar el sistema de producción-consumo a las demandas de la sostenibilidad ambiental. Prieto-Sandoval et al. (2018) distinguen dos grandes bloques de la economía circular: el teórico y el práctico. El teórico aborda los objetivos y la conceptualización. El práctico examina las estrategias de implementación, las acciones y los indicadores para evaluar el desempeño de los sistemas.

La revisión literaria ha arrojado que la mayor parte de la discusión en los últimos años se ha centrado en el rol y el objetivo de la economía circular bajo el reto del desarrollo sustentable. Autores como Sauvé et al. (2016), Geissdoerfer et al. (2017) defienden que la economía circular debería incorporar los objetivos económicos y ecológicos del desarrollo sustentable. Con base en la revisión de la literatura, se identifican tres estrategias teóricas principales en el paradigma teórico de la economía circular:

1. Procurar la minimización de las entradas de recursos y salidas de desechos,

2. Mantener el valor de los recursos dentro del modelo de negocio, y
3. Reincorporar los productos o insumos dentro del sistema una vez finalizado su ciclo de vida (e.g. Ghisellini et al., 2016; Elia et al., 2017; Kalmykova et al., 2018).

El sistema socioeconómico depende de los recursos del sistema natural y le devuelve desechos y emisiones. Estas actividades generan impactos ambientales y requieren servicios ecosistémicos. Desde la perspectiva de la sostenibilidad ambiental, se propone la necesidad de asegurar que los impactos ambientales no superen los límites establecidos para conservar la provisión de servicios ecosistémicos bajo los que pueda funcionar el sistema socioeconómico (Ghisellini et al., 2016). Por otro lado, el tamaño del sistema socioeconómico, basado en un sistema de producción-consumo lineal, era menor que la biocapacidad del sistema natural. Hoy en día, el sistema de producción-consumo lineal sobrepasa la biocapacidad del sistema natural, tanto en la extracción de recursos como en la asimilación de desechos (Goodland, et al.,1991).

La economía circular y sostenible busca adaptar las tasas de consumo de recursos y de producción de residuos y emisiones a niveles compatibles con la sostenibilidad ambiental. Reducir la salida de recursos del sistema debería supervisarse en cualquier sistema de economía circular. Una de las estrategias más frecuentemente mencionadas en consonancia con esta idea es la mejora de la eco-eficiencia, aumentar la eficiencia en cada fase del proceso de producción-consumo, lo que implica separar la dimensión económica y el bienestar social de los impactos sobre el sistema natural (Elia et al., 2017).

En lo que al concepto de economía circular, su modelo y su integración para unidades de negocios relacionadas a la preparación de café y bebidas relacionadas, (Almeida, 2018) sostiene que la industria de las cafeterías a nivel global brinda una variedad de oportunidades para involucrarse en la economía circular, poniendo como ejemplos de aplicación el desarrollo de actividades para el reciclaje de tazas de café hasta la implantación de mecanismos de reutilización de café molido filtrado para crear nuevos productos sustentables que impacten en nuevas oportunidades o bien en el fortalecimiento de las cadenas de suministros locales del sector.

Antecedentes de economía circular aplicado al negocio del café

En cuanto a la consolidación de un modelo de negocio con enfoque en los principios de la economía circular, el crecimiento de la industria del café tiene implicaciones para la cantidad de residuos producidos y la energía consumida por este sector al menudeo, donde la economía circular y su enfoque regenerativo se han anunciado como una vía potencial para reducir el consumo de energía y la producción de residuos (Ferreira, 2020). Hay varios ejemplos en los que las partes interesadas en la industria de las cafeterías, principalmente en el extremo del consumidor de la cadena de suministro, ya están participando en prácticas de economía circular.

El caso de Reino Unido donde desechan 2,500 millones de tazas de café desechables cada año, con un rápido crecimiento en volumen debido al creciente número de cafeterías. El tema de la cantidad de tazas de café desechables que llegan a los vertederos ha sido ampliamente discutido en los medios populares (Guimón, 2018).

En torno a esta dinámica, Ferreira (2018) señala que es importante subrayar que la creciente popularidad de los cafés y cafeterías ha provocado un aumento de los residuos de envases producidos, siendo el vaso desechable uno de los elementos más visibles de estos. La respuesta a los llamados para abordar la problemática derivada del crecimiento de desechos sólidos, se han establecido varios esquemas de reciclaje de vasos a diferentes escalas, desde el denominado Square Mile Challenge que aborda el reciclaje en un área del centro de Londres, Reino Unido, hasta esquemas nacionales establecidos por grandes cadenas de cafeterías como Costa Coffee en el mismo país de referencia (Hubbub, 2017)

La misma investigación de Hubbub (2017) identifica que en la población de Freiburg, Alemania, ha habido otros esquemas que intentan abordar este problema mediante el despliegue de tazas de café reutilizables, donde los consumidores pueden obtener un vaso reutilizable por un depósito monetario que se puede usar y depositar en varios minoristas. Un esquema similar para compartir copas, Re-Cup, se ha adoptado en varias ciudades alemanas. El proyecto Re-Cup, se menciona, está vinculado a una aplicación que muestra a los usuarios dónde se pueden depositar y obtener las tazas de café.

Al cierre de la década pasada del nuevo milenio, se estableció como un servicio de suscripción de vasos reutilizables rastreables más centrado en datos, lanzándose en Londres y con ello se opera en un modelo de pago por bebida, donde los vasos se ven más como un servicio. Este hallazgo demuestra que el desarrollo tecnológico está ligado a la integración de un modelo tendiente a la economía circular (CupClub, 2018).

Corbin (2017) señala en adición que otras innovaciones en torno a las tazas de café se han centrado en la reutilización del material. James Cropper, un productor de papel especial con sede en el Reino Unido creó CupCycling, un proceso para convertir vasos de café desechables en materiales a base de papel de alta calidad. Esto se ha vuelto popular entre muchas marcas que buscan obtener opciones de empaque más sostenibles para el medio ambiente, incluido Lush, el minorista de cosméticos, que utiliza algunos de sus empaques hechos 100 % con fibra de taza de café.

Las tazas de café representan un elemento de embalaje utilizado en la cadena de suministro del café. Existe la posibilidad de considerar el empaque en diferentes etapas de la cadena de suministro del café para participar en prácticas de economía más circular. Un ejemplo reciente de Square Mile Coffee Roasters en el Reino Unido destaca cómo se puede reducir el uso de cartón mediante la reutilización de determinados tipos de envases para enviar café a los clientes. La empresa ha adoptado 'Notboxes', una alternativa plegable, reutilizable y resistente a sus cajas de cartón (hechas con poliéster y tableros de fibra de baja densidad), para usar con algunos de sus clientes mayoristas (Square Mile, 2018).

La evidencia documental revela que los mayores esfuerzos en este sentido se han puesto en marcha en el continente europeo, sin embargo, en lo que se refiere a Asia, en Taiwán incluso ha habido una organización que ha tratado de hacer ropa y otros productos con café molido. Por su parte, Wei (2016) reporta en su investigación que la empresa Singtex ha desarrollado un proceso para convertir residuos de café y botellas de plástico en tela. Los residuos de café tostado se mezclan con poliéster para crear un hilo de café. Los clientes de la empresa incluyen grandes marcas como Patagonia, North Face, Timberland, Adidas, American Eagle y Victoria's Secret. La empresa asiática recolecta y utiliza alrededor de 500 kg de café molido al día. La empresa también ha encontrado uso para otros subproductos del café molido: el aceite de café se extrae del café sobrante y se vende a empresas de cosméticos y jabones. Todo esto constituye una aproximación hacia las áreas de oportunidad manifiestas para el proyecto de investigación propuesto para el caso de Baja California.

Conforme a lo registrado por la AMECAFÉ (2017), México ha sido foco de una oleada de aperturas de «barras de especialidad»; entusiastas emprendedores que reflejan el crecimiento del interés, pero sobre todo de la conciencia del potencial, y por lo tanto del aporte, que puede ofrecer el café mexicano. Se fortaleció la intención de clarificar la conciencia sobre la cadena productora de café, intentando tener un acercamiento cada vez mayor al proceso que involucra el café desde su cultivo; es por eso por lo que creció el número de barras que ofrecen el tueste de su propio grano que revolucionaron el café. Mientras mejor relacionados estén los eslabones que involucran la cadena del café de especialidad mejor se podrán comprender porque su accesibilidad es más eficaz; y es que se trata de una concatenación en la cual sus partes prescinden unas de las otras y así pueden garantizar una buena experiencia en taza.

METODOLOGIA

Es una investigación documental, se nutre principalmente de datos secundarios y de la revisión bibliográfica a fin de encontrar las variables que explican un modelo de negocios sustentado en economía circular para las cafeterías y barras de café en el Estado de Baja California. A partir de esta información se propondrá un modelo de negocio. No obstante, esta identificación de variables permitirá la construcción de instrumentos de recolección de datos.

La población de estudio son las cafeterías y barras de café, registradas en el Directorio Estadístico Nacional de Unidades Económicas (DENUE) del Instituto Nacional de Estadística y Geografía (INEGI) con domicilio físico y fiscal en el Estado de Baja California. Cabe destacar que el acceso a información histórica y del contexto del sector restaurantero y de manera particular para el caso de cafeterías y barras de café en Baja California no cuenta con una base de datos a nivel regional que muestre la evolución y caracterización del sector, esto contrasta con el acceso a información que existe sobre el sector para el caso de la región centro y sudeste del país.

RESULTADOS

Consumo y valor del Café en el Mercado Global

Millones de personas beben café cada día, una bebida que tiene cafeína y antioxidantes que afectan al cuerpo. La cantidad de estas sustancias depende del tipo y la preparación del café (Gunter et al., 2017). En el continente americano, solo Chile y Bolivia prefieren el té que al café. El consumo y la producción de café son importantes en algunos países latinos, pero hay mucha diferencia entre ellos. Por ejemplo, Brasil consume 5.2 kg/persona al año, Colombia 1.8 kg/persona y México 1.4 kg/persona, muy por debajo de Finlandia que consume 12 kg/persona al año (Euromonitor International, 2018; Smith, 2017).

Los países consumidores de esta bebida suelen dividirse en dos grandes grupos: Tradicionales y emergentes y éstos a su vez se les divide en dos subgrupos: Los nuevos consumidores (no productores) y los productores. Para el año 2015, los primeros fueron responsables del 54% del consumo global, aunque tiende a bajar su participación, pues en el año 1965 se refiere que era el 73%. La participación de los productores/ exportadores ha pasado del 25% al 31% en el mismo periodo, mientras que los emergentes no productores ya son responsables del 15% del consumo global, con un crecimiento de 13 puntos porcentuales en este periodo.

Pese a que el consumo de café se ha doblado en este período, todavía es muy inferior al de países que no producen café como Finlandia, con 12 kg/persona/año, o al del mayor productor de café, Brasil, con 5.8 kg. Esto implica que hay más demanda que oferta de cafeterías y que todavía hay mucho potencial de crecimiento sin que una cafetería quite clientes a otra. De hecho, se prevé que el gasto de los consumidores en cafeterías crezca un 25.6% anual hasta el 2020, y que el número de cafeterías alcance las 32 mil 373 unidades, con un aumento promedio anual del 2% (Strobel, 2015).

Tabla 1. Consumo percápita de café por países

Lugar	País	Consumo percápita (Kg por persona por año
1	Finlandia	12.0
2	Noruega	9.9
3	Islandia	9.0
4	Dinamarca	8.7
5	Países Bajos	8.4
6	Suecia	8.2
7	Suiza	7.9
8	Bélgica	6.8
9	Luxemburgo	6.5
10	Canadá	6.2

Fuente: Organización Internacional del Café (ICO) y Euromonitor International 2020

La taza de café no solo sirve para mantenernos alertas y despiertos, por su contenido en cafeína, que es una sustancia psicoactiva que estimula el cerebro (Gunter et al., 2017). Su función principal es activar partes del cerebro que mejoran su rendimiento; mejora sobre todo la memoria, el humor, la rapidez de reacción y la capacidad cognitiva en general.

Estos atributos han hecho que valor global del mercado de café esté entre 180 mil y 200 mil millones de dólares (Euromonitor International, 2018a), cifra parecida a la estimada por el Barómetro del Café, que señala que en 2015 la industria del café valía unos 200 mil millones de dólares (Panhuysen &

Pierrot, 2018), lo que muestra su gran interés económico y potencial para su crecimiento.

En su informe de 2018, Euromonitor International señala que el lugar de consumo más habitual es el hogar, con 78.6% del volumen total, lo que indica que el consumo global de café sigue siendo una práctica privada y familiar. Sin embargo, ya se observa un consumo significativo fuera del hogar en sitios como restaurantes, cafés, bares, kioscos de café, máquinas expendedoras y otros, con 21.4% del consumo total. No obstante, a pesar de la rápida expansión global de cadenas con al menos 10 puntos de venta –como Starbucks, McCafé, 7 eleven, Dunkin´, Juan Valdez o Costa– solo se consume 3.1% del café, aunque su participación se duplicó desde 1997; por lo tanto, sigue prevaleciendo el consumo de café en pequeñas cafeterías y establecimientos independientes de ámbito local.

Según Panhuysen y Pierrot (2018), el 76.9% del café que se consume en casa se compra en tiendas con descuento, supermercados, hipermercados, tiendas de la esquina, pequeñas tiendas de comestibles independientes y tiendas de garaje. Estos canales de compra de café superan ampliamente al 1.7% de otras tiendas que incluyen compras desde el hogar por Internet y ventas directas.

Una forma de ver el mercado del café es sumar las ventas de todas las categorías: el café en taza que se consume fuera de casa en cafeterías especializadas y el café tostado-molido tienen el 35.8% y el 23% del total, respectivamente. Sin embargo, si se mira el consumo por volumen, la situación cambia: más del 70% del café se consume como tostado y sólo el 3% se consume fuera de casa en locales de cadena, o el 21% si se considera todo el café consumido fuera de casa. También se observa la importancia del valor que tienen las categorías RTD y el sistema monodosis, así como las altas tasas de crecimiento previstas para la segunda categoría (International Coffee Organisation, 2021).

Estos contrastes muestran, en realidad, la capacidad de innovación que existe en el mundo para darle valor al café mediante variados modelos de negocio. Así, según Comtrade Database de las Naciones Unidas (United Nations, 2019), el valor de más de las tres cuartas partes del café verde exportado por los países productores equivale a 20.1 mil millones de dólares, que, si comparamos el valor medio de 190 mil millones de dólares de las ventas globales de café estimadas por Euromonitor, indica que al café verde exportado se le añade valor más de ocho veces al venderse bajo alguna de las cinco categorías genéricas.

Conforme al reporte de la Organización Internacional del Café (International Coffee Organisation, 2021), señala que a medida que el sector del café se moderniza a un ritmo que se aprecia de alta significancia, por la innovación tecnológica y la creciente demanda de sostenibilidad; se advierte en sus recomendaciones que las siguientes generaciones de empresarios del sector deberán generar y acceder a nuevas oportunidades de empleo y sostenibilidad a través del desarrollo del capital humano, la capacidad tecnológica, nuevas estrategias para la creación de empresas socialmente responsables en torno al consumo del café, así como una mayor integración de las cadenas de suministros que fortalezcan los entornos económicos locales. Estos elementos fortalecen la coyuntura de estudio y las variables que se manifiestan en esta propuesta de trabajo de investigación.

Mercado de café en México

México se caracteriza por su fuerte consumo de café instantáneo, representando el 54% del total de la bebida (Euromonitor International, 2017). Esto significa que cinco de cada diez tazas de café consumidas en el país son instantáneas. Si bien el volumen total sigue creciendo, se prevé que las tasas de crecimiento para el café instantáneo sean menores en el período 2016-2021 comparado con el café molido o tostado.

Esta tendencia se refleja en la participación de mercado del café instantáneo, que ha ido disminuyendo: en 2005 representaba el 88.7% del volumen total, en 2010 el 85.9% y en 2016 el 72.7% (EI, 2012, 2016, 2017). A pesar de esta disminución, el café instantáneo sigue siendo la forma más popular de consumir café en México. Nestlé domina el mercado del café instantáneo en México, con una participación de alrededor del 60%, principalmente a través del canal minorista, que incluye autoservicios y tiendas de abarrotes.

El mercado del café soluble en México es un gigante que mueve 23 mil millones de pesos (2016). Esta importante porción del pastel ha atraído a nuevos competidores en los últimos años, intensificando la batalla por conquistar del café mexicanos. Nestlé, con sus marcas Nescafé y Dolca, ha reinado durante mucho tiempo como el líder indiscutible. Sin embargo, desde 2013, han surgido nuevos contendientes que buscan arrebatarle la corona. Femsa, el gigante minorista mexicano, irrumpió en el mercado en 2013 con el lanzamiento de Andatti Soluble. Su estrategia se basa en la amplia red de distribución de sus tiendas Oxxo, que suman más de 11 mil a lo largo del país. Alsea, otro gigante del sector restaurantero, no se quedó atrás. En 2014, introdujo la marca Starbucks VIA a sus 538 cafeterías Starbucks, ofreciendo a los amantes del café premium una opción soluble de su marca favorita.

Asimismo, Walmart, el gigante minorista, no se contentó con ser un simple espectador en la guerra del café soluble. En una jugada estratégica, estableció una alianza con la reconocida marca colombiana Juan Valdez para lanzar al mercado su propio café soluble bajo la marca Great Value. Esta alianza resultó ser un golpe maestro. El café soluble Great Value de Juan Valdez no solo ocupó el 50% de los 80 espacios en las estanterías dedicadas al café soluble en las tiendas Walmart, sino que también se ubicó en un lugar estratégico: a la altura de los ojos de los consumidores. Esta alianza ha permitido a Buen Café, la empresa colombiana propiedad de los caficultores, capturar una cuota de mercado global del 6% en la categoría de café liofilizado. En 2018, sus ventas alcanzaron los 153 millones de dólares, un 17% más que en 2017 (Federación Nacional de Cafeteros de Colombia, 2018).

A pesar del fuerte dominio del café soluble en el gusto del consumidor mexicano, por su precio y facilidad de preparación, las categorías de café tostado en grano y molido están mostrando un crecimiento muy atractivo, especialmente en los canales food service (restaurantes, comida rápida, cafeterías) e institucional (oficinas públicas y privadas, hoteles, centros educativos, hospitales). En estos canales, el 80% y el 83% del café consumido, respectivamente, corresponde a estas presentaciones (Euromonitor International, 2017).

Los consumidores aprecian cada vez más la calidad superior del café preparado con grano o molido, en comparación con el soluble. Este "aprendizaje" ha sido impulsado en gran medida por las cafeterías independientes y de cadena, así como por las tiendas de conveniencia, como Oxxo. De hecho, las cafeterías de cadena pasaron de 995 en 2002 a 2.521 en 2016, mientras que las tiendas de conveniencia se expandieron de 3.433 a 17.240 en el mismo período (Euromonitor International, 2017).

Las cafeterías especializadas son las reinas de este crecimiento. En 2014, el mercado de estas cafeterías en México alcanzó un valor de 683.2 millones de dólares, un 73.1% más que en 2009. Este crecimiento se debe a la proliferación de puntos de venta, ya que de 1.263 en 2004 se pasó a 2.453 en 2015, lo que significa que se abría una nueva cafetería cada tres días (EI, 2017b).

Es importante destacar que el concepto de barra de café gourmet ya existía en México antes de la llegada de Starbucks en 2002, especialmente en ciudades como CDMX, Guadalajara, Tijuana y Puebla. Pioneros como Coffee Factory fueron seguidos por franquicias mexicanas como Café Etrusca, Coffee House, Coffee Station, Italian Coffee y la estadounidense Gloria Jeans. Sin embargo, estos espacios eran pocos y el conocimiento sobre los procesos del café aún era pobre.

El café molido y en grano está ganando terreno en México, impulsado por la creciente apreciación del sabor y la calidad superior. Las cafeterías, tanto independientes como de cadena, y las tiendas de conveniencia, están jugando un papel crucial en este cambio de preferencias. El futuro del café en México parece estar en manos de los granos y el molido, prometiendo una experiencia más rica y aromática para los amantes del café.

Estrategias para el desarrollo económico sostenible en Baja California

El Plan Estatal de Baja California 2022-2027 se compromete a desarrollar el estado de manera sostenible. Al reforzar el estado de derecho, el medio ambiente, la administración pública, el sector productivo y la cooperación entre los sectores público y privado, el Plan crea un entorno que favorece el crecimiento económico, el empleo y la calidad de vida de todos los bajacalifornianos. En el eje temático "Desarrollo Económico y Sostenible Sostenibilidad al Desarrollo Económico y Mejora del Ambiente de Negocios", se destaca la importancia de:

- *Fomentar el crecimiento económico del Estado bajo principios de estado de derecho:* Un marco legal firme y claro es clave para generar confianza en los inversores y promover el desarrollo económico.
- *Sostenibilidad ambiental:* El desarrollo económico debe ir acompañado de la preservación del medio ambiente. El

Plan Estatal busca impulsar un crecimiento sostenible que no ponga en riesgo los recursos naturales del estado.

- *Agilización administrativa:* La burocracia excesiva puede ser una barrera para el desarrollo empresarial. El Plan Estatal busca eliminar trámites y acelerar procesos para facilitar la creación y operación de negocios.
- *Fortalecimiento de capacidades de apoyo al sector productivo:* El gobierno estatal se compromete a brindar asistencia y capacitación a las empresas para mejorar su competitividad y generar más empleos.
- *Acciones coordinadas entre las distintas dependencias del Gobierno Estatal y el sector empresarial:* La cooperación entre el sector público y privado es fundamental para lograr los objetivos de desarrollo económico. El Plan Estatal busca estimular la coordinación y el trabajo conjunto para crear un entorno favorable para las empresas.

La economía de Baja California ha experimentado un crecimiento moderado en las últimas dos décadas. Entre 2000 y 2019, el estado registró un crecimiento anual promedio del 1.3%, por debajo del promedio nacional del 1.9%. Si bien el crecimiento ha sido constante, la competitividad del estado ha mostrado una tendencia preocupante. En 2021, Baja California descendió dos puestos en el Índice de Competitividad Estatal, reflejando una pérdida de terreno en comparación con otras entidades del país. Sin embargo, cabe destacar que el estado experimentó un aumento de seis posiciones en el subíndice de economía estable del mismo Índice. Esto sugiere que la economía de Baja California es sólida y resiliente, a pesar de los desafíos en materia de competitividad.

Atraer inversiones es fundamental para el desarrollo económico de Baja California. El estado busca asegurar la inversión con el estado de derecho, brindando certidumbre a los proyectos que generan empleo y benefician a la sociedad. Sin embargo, la excesiva regulación y los lentos trámites burocráticos en los niveles estatal y municipal representan un obstáculo significativo para el desarrollo productivo y la inversión. Estos trámites engorrosos desalientan a los emprendedores y empresarios, frenando el crecimiento económico. Otro desafío crucial es la falta de información accesible sobre las industrias y los mercados. Los emprendedores y empresarios necesitan datos confiables para tomar decisiones informadas sobre sus inversiones. La ausencia de esta información limita su capacidad para identificar oportunidades y desarrollar negocios exitosos.

El crecimiento económico de Baja California no puede depender únicamente del aumento de la producción. Para alcanzar un desarrollo sostenible y generar bienestar a largo plazo, es fundamental invertir en dos pilares clave: el capital humano y la infraestructura de bienes públicos.

En materia de capital humano, existe un déficit de recursos humanos especializados capaces de atraer y sostener industrias de tecnología media y alta. Esto se debe, en parte, a una falta de evolución en el sistema educativo hacia el desarrollo de habilidades para empleos más cualificados. Para cerrar esta brecha, se requiere una inversión estratégica en educación y capacitación. Es necesario fortalecer los programas educativos en áreas como ciencia, tecnología, ingeniería y matemáticas (STEM), así como fomentar el desarrollo de habilidades blandas como la creatividad, la comunicación y el trabajo en equipo.

En cuanto a la infraestructura, Baja California cuenta con un gran potencial para expandir sus capacidades en materia de vías de comunicación y transporte. Esto incluye los modos de traslado transfronterizo terrestre y marítimo, así como la gestión eficiente de recursos hídricos y energéticos.

La inversión en infraestructura moderna y eficiente no solo facilitará el movimiento de personas y mercancías, sino que también atraerá inversiones y promoverá el desarrollo de nuevas industrias. Además, la implementación de proyectos estratégicos de infraestructura puede generar beneficios considerables para las economías locales, creando empleos y dinamizando la actividad comercial.

Las barras de café como actividad económica sostenible en Baja California

Basándose en información obtenida de fuentes secundarias locales, el reportaje de Hernández (2018) resalta un significativo crecimiento de las barras de café. Entre 2016 y 2018, se observó un incremento del 20% en el número de cafeterías, particularmente en el municipio de Tijuana, B.C. Esta ciudad alberga, según datos del Directorio Estadístico Nacional de Unidades Económicas (DENUE) del Instituto Nacional de Estadística y Geografía (INEGI), consultados en abril de 2023, un total de 551 establecimientos. Esto representa más del 56% de todas las unidades de negocio del sector en la región.

Se presenta el siguiente gráfico elaborado con base en la información disponible en la DENUE de INEGI, cuya consulta se realizó al cierre del mes de abril de 2023.

Gráfico 1. Barras de Café y Cafeterías de Especialidad Instaladas en B.C.

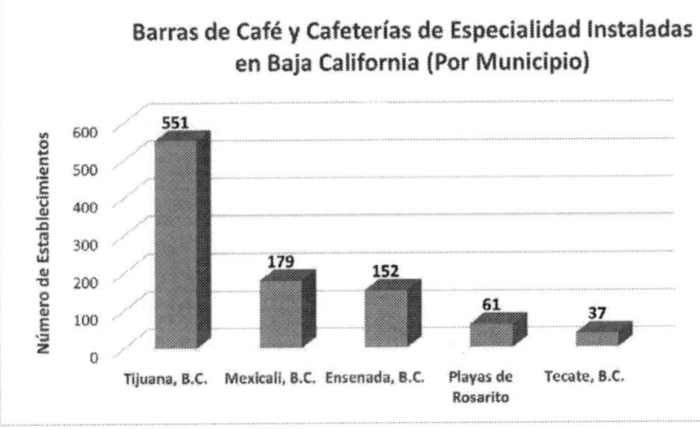

Fuente: Elaboración propia con base en información del directorio nacional de Unidades Económicas (DENUE), INEGI al cierre de 2022.

Con base en el gráfico 1, la sinergia en el consumo de bebidas preparadas a base de café en Baja California, conforme lo expresado por las Cámaras del comercio organizado en Baja California (CANACO, 2023) con el auge por el incremento de nuevas unidades de negocios de cafés y barras de café desde el 2015, manifiesta la importancia del desarrollo de acciones que permiten cambios sistémicos de los agrupamientos en torno a este sector de la actividad económica, cuyo fenómeno fortalece la motivación para avanzar en esta propuesta de investigación.

Tijuana se ha convertido en una capital del café, con un crecimiento exponencial en el número de establecimientos dedicados a esta bebida. De acuerdo con la Cámara Nacional de la Industria de Restaurantes y Alimentos Condimentados (CANIRAC, 2022), más de 350 negocios en la ciudad sirven café de forma exclusiva, mientras que muchos otros lo ofrecen como parte de su menú. Este auge del café no solo refleja un cambio en los hábitos de consumo, sino que también tiene un impacto económico significativo. Cada negocio de café emplea en promedio a cinco personas, lo que significa que este sector genera alrededor de 10 mil empleos en Tijuana.

El crecimiento del sector del café en Tijuana se enmarca en una tendencia nacional. La Asociación Mexicana de la Cadena Productiva del Café (AMECAFÉ, 2017) reporta que entre 2002 y 2016, el número de cafeterías de cadena en México se duplicó, pasando de 995 a 2.521 establecimientos. Este crecimiento va de la mano con un aumento en el consumo per cápita de café en el país. Entre 1994 y 2016, el consumo individual de café en México se triplicó, pasando de 0.5 kg a 1.4 kg por año. Algunos factores que contribuyen a esta tendencia son:

- *Cambio en los hábitos de consumo*: Los consumidores mexicanos están cada vez más interesados en experiencias culinarias nuevas y sofisticadas, y el café se ha convertido en una bebida popular para disfrutar fuera de casa.

- *Crecimiento de la clase media*: El aumento del poder adquisitivo de la clase media ha permitido a los consumidores destinar más recursos a productos como el café.
- *Proliferación de cafeterías especializadas*: La apertura de cafeterías con ambientes agradables y ofertas de café de alta calidad ha atraído a nuevos consumidores.
- *Influencia de las redes sociales*: Las redes sociales han jugado un papel importante en la difusión de la cultura del café, inspirando a las personas a probar nuevas variedades y visitar diferentes establecimientos.

REFLEXIONES FINALES

El café molido y en grano está ganando terreno en México, impulsado por la creciente apreciación del sabor y la calidad superior. Las cafeterías, tanto independientes como de cadena, y las tiendas de conveniencia, están jugando un papel crucial en este cambio de preferencias. El futuro del café en México parece estar en manos de los granos y el molido, prometiendo una experiencia más rica y aromática para los amantes del café.

Tijuana se ha convertido en un referente del café en México. La ciudad ofrece una amplia variedad de opciones para disfrutar de esta bebida, desde pequeños establecimientos artesanales hasta grandes cadenas internacionales. El auge del café en Tijuana es un reflejo de los cambios en los hábitos de consumo y del crecimiento económico del país, y representa una oportunidad para el desarrollo económico y social de la ciudad.

La implementación de un modelo de negocio de economía circular en los cafés de Baja California no solo generaría beneficios ambientales, sino también económicos y sociales. Reduciría costos operativos, optimizaría el uso de recursos, crearía nuevas oportunidades de negocio y fortalecería la imagen de marca como empresa responsable.

La economía circular ofrece una oportunidad transformadora para los cafés en Baja California. Un camino hacia un futuro donde el café se disfruta de manera responsable, minimizando su impacto ambiental y generando valor para el planeta, las comunidades y la economía local. Es fundamental la colaboración entre los diferentes actores del sector. Los dueños de cafés, proveedores, baristas, clientes y autoridades gubernamentales deben trabajar en conjunto para crear un ecosistema circular que impulse la sostenibilidad en la industria.

REFERENCIAS BIBLIOGRÁFICAS

Ackoff, L. (1995). El Paradigma de Ackoff. Una Administración Sistémica. Ed. Limusa, Barcelona. España.

Anderson, P. (1999). Complexity Theory and Organization Science, Organization Science, Vol. 10, No. 3, 216-232.

Asociación Mexicana de la Cadena Productiva de Café. (2014). Segmentación de consumidores de Café. Revista Claridades Agropecuarias. Retrieved from http://movil.infoaserca.gob.mx/Claridades/marcos.asp?numero=250

Beer, S. (1969) Cibernética y Administración Industrial, Zahar Editora, Rio de Janeiro.

Bertalanffy. (1968). Teoría General de los Sistemas. Fondo de Cultura Económica, México.

Bilitewski, B., 2012. The Circular Economy and its Risks. Waste Management 32(1): 1-2. http://doi.org/10.1016/j.wasman.2011.10.004

Buckley, W. (1968). Society as a complex adaptive system", in Buckley, W. (ed.). Modern systems research for the behavioral scientist, Aldine Publising, Chicago, 490-513.

Bueno, E. (2005) Bioeconomía: Simbiosis científica de complejidad, organismos y comportamiento, Encuentros Multidisciplinares, 20-VII, mayo-agosto, 12-21.

Carpintier, R. (2013). Emprender. Recuperado de http://www.digitalassetsdeployment.com/

Chesbrough, H. (2003). Open innovation: The new imperative for creating and profiting from technology. Harvard Business School Press, Boston.

Chesbrough, H. (2011). Llevar la innovación abierta a los servicios. Harvard Deusto Business Review, Mayo, pp. 26-33.

Chesbrough, H. (2011). Open services innovation. Rethinking your business to grow and compete in a New Era. HB Printing.

Daly, H.E., 1990. Toward some operational principles of sustainable development. Ecol. Econ. 2(1)1–6. https://doi.org/10.1016/0921-8009(90)90010-R

de Jesús, A., Mendonça, S., 2018. Lost in transition? Drivers and barriers in the eco-innovation road to the circular economy. Ecol. Econ. 145 (March 2018): 75-89. http://doi.org/10.1016/j.ecolecon.2017.08.001.

den Hertog, P., Van der Aa, W. and De Jong, M. (2010). Capabilities for managing service innovation: towards a conceptual framework. Journal of Service Management, 2(4), 490-514.

di Maio, F., Rem, P.C., 2015. A Robust Indicator for Promoting Circular Economy through Recycling. J. Environ. Protection 6 (October): 1095–1104. https://doi.org/10.1680/warm.2008.161.1.3

EC, 2015. Closing the loop–An EU action plan for the Circular Economy. Brussels. Escudero, J. (2011). ¿Para qué sirve el modelo de negocio?, Revista Emprendedores. http://www.emprendedores.es/gestion/modelo/modelo-1

El Tiempo. (2017). Las tareas, retos y prioridades para sostener el negocio del café. El Tiempo. Retrieved from https://www.eltiempo.com/economia/sectores/retos-para-el-negocio-del- cafe-en-el-mundo-2017-108072

Elia, V., Gnoni, M.G., Tornese, F., 2017. Measuring circular economy strategies through index methods: A critical analysis. J. Clean. Prod. 142: 2741–2751.http://doi.org/10.1016/j.jclepro.2016.10.196.

Ellen MacArthur Foundation (2015). Circularity Indicators: an approach to measuring circularity (methodology). UK, Ellen MacArthur Foundation.

Euromonitor International. (2018). Coffee in 2018: The New Era of Coffee Everywhere. Retrieved from https://www.euromonitor.com/coffee-in-2018- the-new-era-of-coffee-everywhere/report

Euromonitor International. (2018). Tendencias de consumo de café. In 21 era Convención Nacional: El Reto de la Sostenibilidad. Retrieved from 18 de mayo 2018 website: http://www.euromonitor.com/locations

Evangelista, R. and Sirilli, G. (1995). Measuring innovation in services. Research Evaluation, 5(3), pp. 207-215.

Federación Nacional de Cafeteros de Colombia. (2018). Informe del Gerente General. Retrieved from www.federaciondecafeteros.org

Feng, Z. and Yan, N., 2007. Putting a circular economy into practice in China. Sustain Sci 2: 95– 101. https://doi.org/10.1007/s11625-006-0018-1.

Figge, F., Young, W., Barkemeyer, R., 2014. Sufficiency or efficiency to achieve lower resource consumption and emissions? The role of the rebound effect. J. Clean. Prod. 69: 216–224.http://doi.org/10.1016/j.jclepro.2014.01.031.

Gault, F. (1995). R-D in a service economy: Canadian statistics, Voorburg group meeting, 11-15 september, Voorburg, The Netherlands.

Geissdoerfer, M., Savaget, P., Bocken, N., Hultink, E.J., 2017. The Circular Economy e A new sustainability paradigm? J. Clean. Prod. 143 (Feb 2017): 757–768.https://doi.org/10.1016/j.jclepro.2016.12.048

Gell-Mann, M. (1994) The quark and the jaguar: adventures in the simple and the Complex. W. H. Freeman, New York.

Ghisellini, P., Cialani, C., Ulgiati, S., 2016. A review on circular economy: the expected transition to a balanced interplay of environmental and economic systems. J. Clean. Prod. 114: 11–32. http://doi.org/10.1016/j.jclepro.2015.09.007.

Gleick, J. (1993) Chaos, making a new science, Abacus, London.

Goffin, K. and Mitchell, R. (2010). Innovation Management. Strategy and implementation using the pentathlon framework. Palgrave Macmillan.

Goncalves, A. (2008). Innovation Hardwired. Embending innovation and new value creation in your company´s organizational DNA. Innovation Insight Network Wilton, Connecticut, USA.

Goodland, R., Daly, H.E., El Serafy, S., 1991. Environmentally sustainable economic development building on Brundland.

Gunter, M. J., Murphy, N., Cross, A. J., Dossus, L., Dartois, L., Fagherazzi, G., Riboli, E. (2017). Coffee drinking and mortality in 10 European countries: A multinational cohort study. Annals of Internal Medicine, 167(4), 236–247. https://doi.org/10.7326/M16-2945

Hidalgo, A., León, G. y Pavón, J. (2002). La Gestión de la Innovación y la Tecnología en las Organizaciones. Pirámide, Madrid.

Holland, J. (1992) Adaptation in natural and artificial systems, The MIT Press, Cambridge, Mass.

Holland, J. & Miller (1991). Artificial adaptive agents in economic theory, Amer. Econom. Rev. Papers and Proceedings 81, 365-370.

Kalmykova, Y., Sadagopan, M., Rosado, L., 2018. Circular economy – From review of theories and practices to development of implementation tools. Resources, conservation and recycling 135 (2018): 190-201. http://doi.org/10.1016/j.resconrec.2017.10.034.

Korhonen, J., Honkasalo, A., Seppälä, J., 2018b. Circular Economy: The Concept and its Limitations. Ecol. Econ. 143 (January): 37–46. http://doi.org/10.1016/j.ecolecon.2017.06.041.

Langton, C. G.; Taylor, C., Farmer, J. D.; Rassmussen, S. (1992). Artificial life II, Addison-Wesley, Redwood City, CA.

Lodi, J. B. (1972). Administración por objetivos, una crítica, Pioneira, Sao Paulo.

López Moreno, M. J. (2011) La empresa en el dominio de la complejidad, Ediciones Cinca, Madrid.

Matus, K.J.M., Xiao, X., Zimmerman, J.B., 2012. Green chemistry and green engineering in China: Drivers, policies and barriers to innovation. J. Clean. Prod. 32: 193–203. http://doi.org/10.1016/j.jclepro.2012.03.033.

Megías, J. (2011). Herramientas: el lienzo de modelos de negocio http://javiermegias.com/blog/2011/11/herramientas-el-lienzo-de-modelos-de-negocio-business-model-canvas/

Miles, I. (2010). Service Innovation. In Maglio, P., Kieliszewski, C.A. and Spohrer, J.C. (eds.): Handbook of Service Science. Springer, Boston.

Murray, A., Skene, K., Haynes, K., 2017. The Circular Economy: An Interdisciplinary Exploration of the Concept and Application in a Global Context. Journal of Business Ethics 140 (3):369–380. http://doi.org/10.1007/s10551-015-2693-2.

OCDE (2005a). Promoting Innovation in Services DSTI/STP/TIP (2004)4/FINAL.

OCDE Eurostat (2018). Oslo Manual 2018: Guidelines for Collecting, Reporting andUsing Data on Innovation, 4th Edition, Paris/Eurostat, Luxembourg.

Osterwalder, A. & Pigneur, Y. (2011). Generación de modelos de negocio. Bilbao:Deusto.

Panhuysen, S., & Pierrot, J. (2018). El Barómetro de café. Retrieved from https://thecosa.org/wp-content/uploads/2018/06/Barómetro-de-café- 2018_final_online-1.pdf

Park, J.Y., Chertow, M.R., 2014. Establishing and testing the "reuse potential" indicator for managing wastes as resources', J. Environ. Management 137: 45–53.https://doi.org/10.1016/j.jenvman.2013.11.053.

Guimón, P (2018). Reino Unido se plantea cobrar una tasa de 25 peniques por cada taza desechable de café, publicado en el Periodico el País, en la sección mundo global.

Prieto-sandoval, V., Jaca, C., Ormazabal, M., 2018. Towards a consensus on the circular economy. J. Clean. Prod. 179: 605–615. https://doi.org/10.1016/j.jclepro.2017.12.224.

Ruelle, D. (1995) Azar y Caos, Alianza Editorial. Madrid.

Sänger, C. (2018). State of the global coffee market. In International Coffee Organization (Ed.), United Nations Conference on Trade and Development 10th Multi-Year expert meeting on commodities and development (p. 36). Retrieved from https://unctad.org/meetings/en/Presentation/MYEM2018_Christoph Saenger_25042018.pdf

Sauvé, S., Bernard, S., Sloan, P., 2016. Environmental sciences, sustainable development and circular economy: Alternative concepts for trans-disciplinary research. Environ.Development 14 (2016): 48-56. http://doi.org/10.1016/j.envdev.2015.09.002.

Simon, H. (1996) The Sciences of the Artificial, 3rd ed., MIT Press, Cambridge, MA.

Smith, O. (2017, October 1). Mapped: The countries that drink the most coffee. The Telegraph. from https://www.telegraph.co.uk/travel/maps- and-graphics/countries-that-drink-the-most-coffee/

Snyder, H., Witell, L., Gustafsson, A., Fombelle, P. and Kristensson, P. (2016). Identifying categories of service innovation: A review and synthesis of the literature. Journal of Business Research, 69, 2401-2408.

Stahel, W.R., 2013. Policy for material efficiency–sustainable taxation as a departure from the throwaway society Subject Areas. Phil Trans R Soc A 371:201105. http://doi.org/10.1098/rsta.2011.0567.

Stapleton, G. (LMC I. (2015). Trends in coffee consumption. In LMC International (Ed.), Asoexport Coffee Summit (p. 37). https://slideplayer.com/slide/9013708/

Stewart, I. (1989) Does God play dice? Blackwell, Oxford.

Strobel, M. (2015, August). Mercado mexicano, abrir una cafetería cada tres días en los últimos 10 años. Cafés de México, 31. https://issuu.com/juancr/docs/septiembre_2015

Thompson, D. (1967) Organizations in action, McGraw-Hill, New York.

Toivonen, M. and Tuominen, T. (2009). Emergence of innovations in services. The Service Industries Journal, 29(7), pp. 887-902.

Turner, R.K., 1988. Sustainable environmental management: Principles and practice. London.

United Nations. (2019). UN Comtrade, International Trade Statistics Database. February 8, 2019, from UN Comtrade website: https://comtrade.un.org/

van Buren, N., Demmers, M., van der Heiden, R., Witlox, F., 2016. Towards a Circular Economy: The Role of Dutch Logistics Industries and Governments. Sustainability 8(7): 1–17. http://doi.org/10.3390/su8070647

Witell, L., Snyder, H., Gustafsson, A., Fombelle, P and Kristensson, P. (2016). Defining service innovation: A review and synthesis. Journal of Bu siness Research, 69(8) 2863-2872.

Wolfram, S. (1986). Theory and application of cellular automata, World Scientific, Singapore.

Zeithaml, V. y Bitner, M. (2002). Marketing de Servicios. McGraw-Hill, México.

Zhu, Q., Geng, Y., Lai, K., 2010. Circular economy practices among Chinese manufacturers varying in environmental-oriented supply chain cooperation and the performance implications, Journal of Environmental Management. 91(6), 1324–1331. https://doi.org/10.1016/j.jenvman.2010.02.013.

Capítulo 4

Variedades vegetales: un enfoque sobre la propiedad intelectual en México

YIRANDY JOSUÉ RODRÍGUEZ LEÓN[1]
IVONNE JACQUELINE CRUZ[2]
CLAUDIA BERRA BARONA[3]

RESUMEN: En la actualidad, enfrentamos múltiples desafíos ambientales, desde deforestación hasta contaminación y sequías. Una solución viable es el desarrollo de variedades vegetales más duraderas, resistentes y nutritivas. Estas variedades, protegidas por leyes como el Convenio Internacional para la Protección de las Obtenciones Vegetales (UPOV), fomentan la investigación y protegen los derechos de los obtentores. En México, la Ley Federal de Variedades Vegetales regula la producción, certificación y

---

1 Dr. en Ciencias Administrativas, profesor de la Facultad de Contaduría y Administración, de la Universidad Autónoma de Baja California. Email: yirandy.rodriguez@uabc.edu.mx. ORCID: https://orcid.org/0000-0002-6640-5364

2 Dra. en Ciencias Administrativas, profesora de la Facultad de Contaduría y Administración, de la Universidad Autónoma de Baja California. Email: cruz.ivonne@uabc.edu.mx. ORCID: https://orcid.org/0000-0001-9382-4719

3 Dra. en Ciencias Administrativas, profesora de la Facultad de Contaduría y Administración, de la Universidad Autónoma de Baja California. Email: claudia.berra@uabc.edu.mx. ORCID: https://orcid.org/0000-0002-9069-4012

comercio de semillas, garantizando su calidad y diversidad. Sin embargo, a pesar del sólido marco normativo, hay una falta de cultura de registro, con pocas variedades registradas en comparación con otros países. Además, la diversificación de los cultivos registrados es limitada, con un enfoque predominante en alimentos como el maíz y la fresa, en detrimento de variedades ornamentales, aromáticas y maderables, que también son cruciales para el equilibrio del ecosistema. Abordar estas cuestiones es fundamental para promover la innovación, la conservación ambiental y la seguridad alimentaria en México.

PALABRAS CLAVE: Variedades Vegetales, Propiedad Intelectual, Ordenamiento Legal.

ABSTRACT: Currently, we face multiple environmental challenges, from deforestation to pollution and droughts. A viable solution is the development of more durable, resistant, and nutritious plant varieties. These varieties, protected by laws such as the International Convention for the Protection of Plant Varieties (UPOV), promote research and protect the rights of breeders. In Mexico, the Federal Law on Plant Varieties regulates the production, certification, and trade of seeds, ensuring their quality and diversity. However, despite the robust regulatory framework, there is a lack of registration culture, with few varieties registered compared to other countries. Additionally, the diversification of registered crops is limited, with a predominant focus on food crops like corn and strawberries, to the detriment of ornamental, aromatic, and timber varieties, which are also crucial for ecosystem balance. Addressing these issues is essential to promote innovation, environmental conservation, and food security in Mexico.

KEYWORDS: Plant Varieties, Intellectual Property, legal framework.

INTRODUCCIÓN

Durante el presente siglo se aprecia una mayor concientización acerca de los problemas ambientales que conlleva la deforestación de áreas verdes, así como la contaminación, sequía, erosión de los suelos, cuyas consecuencias producen, entre otros problemas, cambio climático, pérdida de biodiversidad y hambre. Sin embargo, más allá de la concientización, se requiere desarrollar proyectos innovadores que coadyuven a la erradicación de estos conflictos.

Tales proyectos podrían generar más productividad y contribuir a alcanzar la suficiencia alimentaria; reduciendo las importaciones y creando nuevas fuentes atractivas de inversión. Asimismo, erradicarán insuficiencias agroalimentarias causadas por plagas y sequías, lo cual ayudaría a desacelerar el impacto ambiental de las personas en el medioambiente. Por tanto, el desarrollo de variedades vegetales impacta en varios objetivos de desarrollo sostenibles, por ejemplo: cero hambre, bienestar y salud, agua limpia y saneamiento, ciudades y comunidades sostenibles, producción y consumo responsable, acción por el clima, vida submarina, vida de ecosistemas terrestres.

Problemática

México enfrenta serios problemas medioambientales; de acuerdo con la Secretaría de Medio Ambiente y Recursos Naturales (Semarnat, 2022), más de 300 mil hectáreas (ha) boscosas han desaparecido lo que representa una pérdida de 216 mil ha anuales. Además, se suma al crecimiento demográfico e industrial de grandes urbes como Ciudad de México, Monterrey, Toluca, León y Guadalajara, entre otras, que presentan a causa de la emisión de gases contaminantes una inaceptable calidad del aire, excediendo los márgenes establecidos por la Organización Mundial de la Salud (OMS).

Con relación al agua, es un recurso que escasea en la actualidad para casi 50 millones de mexicanos, afectando al sector agropecuario, el abastecimiento público, la industria y el sector hidroenergético. Igualmente, se estima que el 59.1 por ciento del agua superficial de la nación se encuentra contaminada según la Comisión Nacional del Agua (IMCO, 2023).

En este sentido, hay que considerar también que el 23.5 por ciento de la población en México subsiste en la pobreza alimentaria, con alrededor de 881 mil 752 niñas y niños que sufren desnutrición según el Consejo Nacional de Evaluación de la Política de Desarrollo Social (CONEVAL, 2022). Además, 55.5 por ciento de los hogares carecen de acceso a una alimentación que incluya un balance entre los macronutrientes necesarios para la salud.

Todo lo anterior, exige según estudios de Sukma-Nirad, et al. (2022); Mccombs, Barrios & Garcés (2023), Awewomom, et al. (2024), la formulación de estrategias que vinculen a la política, la educación y la ciencia, para crear soluciones para combatir consecuencias medioambientales negativas que imperan en la nación. En este contexto, o dicho esto, la creación de nuevas variedades vegetales puede ser una opción para desarrollar plantas más resistentes a plagas y sequías, mientras que también podrían mejorar la producción de alimentos. Por consiguiente, una mayor cantidad de modalidades vegetales igualmente benefician a los consumidores, ya que representan productos nutritivos y saludables, incrementando el alcance de alimentos de calidad a una tarifa más accesible.

Por último, aunque no menos importante, es imprescindible proteger las creaciones intelectuales y registrarlas para evitar transgresiones derivadas de la piratería, la competencia desleal o el robo de talentos, que impactan negativamente en el ámbito socioeconómico. Desde tal perspectiva, los derechos de obtentor, como una modalidad derivada de la propiedad intelectual, estimula la capacidad creadora, sin menospreciar o afectar a la actividad agrícola; ofreciendo, potencialmente, una mayor seguridad alimentaria.

DESARROLLO TEÓRICO

Variedades Vegetales

El término variedad vegetal se refiere a una planta completa o a elementos que se obtengan de ella (siempre y cuando se distingan del resto de especies preexistentes bajo un novedoso genotipo). Asimismo, se considera que el perfeccionamiento genético de estas nuevas especies no debe ser provocado por procesos naturales o convencionales, pues requieren, para clasificarse como tal, surgir a partir de una creación intelectual humana (Rohe et al, 2022).

Por lo tanto, una variedad vegetal puede definirse como un conjunto de elementos obtenidos de uno o varios genotipos relacionados que producen una semilla, planta o fruto que puede reproducirse y/o cultivarse, teniendo como resultado las mismas propiedades del genotipo base y sobre todas las cosas que mantenga su esencia distintiva con respecto a otros productos vegetales. En otras palabras, se caracteriza en su totalidad por un genoma exclusivo, diferente y totalmente original, obtenido de una actividad biotecnológica o de ingeniería genética (Afonso-Dorta & Ramón-Fernández, 2022).

Por otra parte, las variedades vegetales requieren cumplir ciertos requisitos para alcanzar su protección intelectual. El primero, es que tengan una denominación propia, siendo necesario que la solicitud incluya completamente la secuencia genética para la producción de la planta, en donde confluyen claramente los aspectos distintivos y novedosos de manera estable y homogénea. Asimismo, cabe mencionar que también existen los denominados "híbridos vegetales", que se obtienen al combinar dos genomas independientes. Sin embargo, estos híbridos no alcanzan el reconocimiento de variedad vegetal, pues su origen se fundamenta en creaciones preexistentes (Ramón-Fernández, 2022).

Con base en lo anterior, expresan Arcudia-Hernández & Magaña-Rufino, (2022) un concepto intrínsecamente ligado al tema es el de los derechos de obtentor; cuyo objetivo es defender los beneficios que recaen en la persona que crea una variedad vegetal. Al respecto, vale la pena aclarar que un obtentor puede ser una persona física o moral que demuestre un desarrollo creativo o de mejora en una variedad vegetal en cualquier especie o género. Así, en términos de derecho de obtentor, está primeramente el reconocimiento moral de la paternidad por la creación de manera vitalicia, siendo un derecho personal, perpetuo e intransferible, al estar vinculado con el componente creativo de la persona.

Adicionalmente, también se cuenta con derechos desde la perspectiva patrimonial, que implica gozar de los beneficios por la creación de una variedad vegetal, los cuales sí se pueden transferir y tienen una temporalidad determinada por la ley. En México, según la Ley Federal de Variedades Vegetales esta es para forestales, frutícolas, vides, ornamentales y portainjertos de 18 años, y 15 para el resto. Una vez concluidos estos periodos, pasan a dominio o patrimonio, beneficiando a más personas y fomentando en la figura del obtentor, tanto el desarrollo del componente investigativo como la innovación intelectual (Saldaña-Villoldo, 2022).

Las variedades vegetales, por tanto, son concebidas como medio para garantizar la biodiversidad, a través de la conjunción del material genético y la productividad agrícola. No obstante, muchos cultivos carecen de productividad en virtud del clima, plagas u otros factores limitantes, por lo que es necesario vincular la ciencia y la tecnología para idear novedosas modalidades de productos agrícolas más resistentes, productivos, nutritivos y que consuman menos volúmenes de agua. Consecuentemente, en el marco del fomento de la biodiversidad, se pretende rescatar especies vegetales que, con el paso del tiempo, han ido desapareciendo y que inclusive forman parte del patrimonio autóctono de las naciones (MacDonald, 2023).

Ordenamiento legal

Las variedades vegetales han sido objeto de regulación jurídica por su importancia para la sociedad. En tal sentido, el ordenamiento legal busca fomentar la investigación de nuevas especies agrícolas más productivas, resistentes, nutritivas y eficientes en el consumo del agua; pero también protege la figura del agricultor, permitiendo la reproducción de una modalidad protegida en la producción de cosechas (González-Merino, 2018).

Otro de los principios que establecen los ordenamientos legales es la novedad, que se aplica siempre y cuando la variedad vegetal no se haya comercializado en la nación donde se pretende proteger o en algún otro país. Aunado a la novedad, debe cumplirse el requisito legal de distinción, el cual estipula que la variedad vegetal debe presentar elementos distintivos y sustanciales, con respecto a los preexistentes en el estado de la técnica (Martínez-Maruri, 2020).

Igualmente, plantea Ramón-Fernández (2021), un requisito indispensable en las legislaciones establece a la estabilidad como un aspecto inexorable a la variedad. En este contexto, las variedades vegetales deben conservar sus características incluso luego de reproducirse con posterioridad, a través del tiempo. Así pues, se deriva el elemento de homogeneidad vinculado a la uniformidad de los elementos sustanciales en la variedad, a pesar de aspectos previsibles por reproductividad sexuada o multiplicación vegetativa. Finalmente, la denominación tiene que manifestar una designación genérica que marque la identidad de la variedad con respecto a las que existen en el resto del mundo, para evitar cualquier tipo de confusión.

Así, con fin de proteger las variedades vegetales en términos regulatorios, se puede iniciar analizando el Convenio Internacional para la Protección de Obtenciones Vegetales, que establece la necesidad de que los estados signatarios, fomenten el desarrollo de las mismas a través de su protección jurídica, concediendo la titularidad de los creadores de variedades vegetales. Simultáneamente, se salvaguarda íntegramente el producto vegetal, incluyendo el componente genético y el procedimiento para su reproducción. Asimismo, de manera inobjetable el convenio plantea que el uso de semillas concede la invención a quien la haya comprado sin mayor costo alguno de lo que paga por dicha semilla (Alomar-Messineo, 2020).

Convenio Internacional para la Protección de las Obtenciones Vegetales

El Convenio Internacional para la Protección de las Obtenciones Vegetales, también conocido como el "Convenio UPOV" (por sus siglas en inglés, Union for the Protection of New Varieties of Plants), es un tratado internacional que tiene por objeto fundamental el promover y proteger los derechos de los obtentores de nuevas variedades de plantas. Se establece para estimular la inversión en investigación y desarrollo en el ámbito de la mejora genética de plantas y para asegurar la disponibilidad de variedades vegetales de alto nivel para la agricultura y la horticultura (UPOV, 1991).

Igualmente, comenta Espinosa (2021), que proporciona un marco legal que otorga a los obtentores de nuevas variedades de plantas el derecho exclusivo de controlar la producción, venta y distribución de estas variedades durante un período determinado, generalmente de 20 a 25 años, dependiendo de la categoría de la planta. Esto les permite recuperar los costos de desarrollo y obtener ganancias de su inversión en investigación.

Algunos de los principios clave del Convenio UPOV incluyen la protección de las Obtenciones Vegetales ya que implanta que las obtenciones vegetales deben ser protegidas por los derechos del obtentor. Esto significa que otras personas o entidades no pueden utilizar, comercializar o reproducir una variedad vegetal protegida sin el permiso del obtentor.

Otro aspecto que establece el convenio son las excepciones y limitaciones de solicitudes, así como el derecho a utilizar variedades protegidas para fines de investigación y desarrollo, tal como la probabilidad de que los agricultores guarden y replanten semillas para su propio uso. También resalta que una variedad vegetal debe cumplir con ciertos criterios de distinción, homogeneidad y estabilidad. Esto asegura que las variedades protegidas sean verdaderamente nuevas y únicas (Rey-Lema, 2022).

El Convenio UPOV, establecen Ju-Kyung Yu, & Yong-Suk Chung. (2021), que permite la protección transfronteriza para que los derechos de obtentor se apliquen más allá de los límites de un país, lo que significa que los obtentores pueden proteger sus variedades en múltiples países signatarios del convenio. Es importante señalar que existen varias versiones del Convenio UPOV, con revisiones a lo largo del tiempo para reflejar cambios en la tecnología y en las necesidades de la industria de mejoramiento genético de plantas. Los países que deseen ser parte del convenio pueden optar por adherirse a la versión que consideren más adecuada para sus intereses.

En resumen, el Convenio Internacional para la Protección de las Obtenciones Vegetales (Convenio UPOV) es un tratado internacional que busca promover la innovación en la mejora genética de plantas al otorgar derechos de obtentor a quienes desarrollan nuevas variedades vegetales, fomentando así el progreso en la agricultura y la horticultura.

Ley Federal de Variedades Vegetales de México

Esta ley tiene como objetivo regular la protección y promoción de las variedades vegetales en el país. Proporciona un marco legal para la obtención, protección y comercialización de nuevas variedades vegetales. Un aspecto de los más destacados de la Ley Federal de Variedades Vegetales de México es la definición de Variedad Vegetal, así como los criterios que deben cumplirse para que una variedad sea registrada y protegida (Gobierno de México, 2020).

La norma jurídica, establece el procedimiento de registro de variedades vegetales, que otorga derechos exclusivos a los obtentores de nuevas variedades vegetales para la producción, reproducción, venta y comercialización de las mismas durante un período de tiempo de dieciocho años para especies perennes (forestales, frutícolas, vides, ornamentales) y sus portainjertos, y quince años para el resto de las variedades. La normativa también describe los procesos para hacer cumplir los derechos de los obtentores y las sanciones por infracciones. En tal sentido, se incluyen disposiciones para impulsar la investigación y el desarrollo en el ámbito de las variedades vegetales (Arcudia-Hernández, & Magaña-Rufino, 2022).

La Ley Federal de Variedades Vegetales otorga los derechos y obligaciones principales para los obtentores como aspecto fundamental en la regulación de la agricultura y los genotipos vegetales como una manifestación de propiedad intelectual que tienen los inventores (obtentores) de nuevas variedades vegetales. La protección de estos derechos fomenta la inversión en investigación y desarrollo de nuevas variedades, promoviendo así la innovación y la disponibilidad de plantas y semillas de alto nivel. Se menciona en el cuerpo de la ley la posibilidad de que los componentes patrimoniales de los derechos del obtentor pueden transferirse a terceros, lo que permite la venta o licencia de la variedad a otros agricultores, empresas o instituciones de investigación.

El Comité Calificador de Variedades Vegetales (2024), examina las solicitudes de título de obtentor y su inscripción en el Registro. Asimismo, establece los procedimientos para el desarrollo y valoración de pruebas técnicas de campo o de laboratorio para coadyuvar a la formulación de normas oficiales mexicanas, concomitantes a la caracterización y evaluación de variedades vegetales con objeto de descripción. Por ello, es una entidad encargada de evaluar y certificar la calidad y características de las variedades de plantas cultivadas. Su función principal es determinar si una nueva variedad de plantas cumple con los estándares y requisitos establecidos para su clasificación y registro. Este comité integra a expertos en agricultura, botánica, genética y otras disciplinas relacionadas con la producción de cultivos.

El Registro Nacional de Variedades Vegetales (RNVV), que establece la Secretaría de Agricultura y Desarrollo Rural (2020), es una entidad gubernamental o una institución designada por el gobierno de un país para gestionar y mantener un registro de las variedades vegetales que cumplen con los requisitos establecidos. Su principal función es la de registrar y proteger legalmente las nuevas variedades vegetales que han sido evaluadas y aprobadas por un Comité Calificador de Variedades Vegetales o una entidad equivalente.

En cuanto al registro y protección el RNVV es encargado de recibir las solicitudes de registro de nuevas variedades vegetales y verificar que cumplan con los requisitos técnicos y legales. Una vez aprobadas, estas variedades son incluidas en el registro y protegidas mediante derechos de obtentor de variedades vegetales o algún otro mecanismo de protección legal (Nava-Martínez, 2023).

Retomando a Arcudia-Hernández, & Magaña-Rufino, (2022), con relación al impulso de la innovación, el registro y la protección de variedades vegetales fomentan la inversión en investigación y desarrollo en cuestión de la mejora genética de las plantas. Los obtentores de nuevas variedades vegetales están más dispuestos a invertir en la creación y mejora de nuevas variedades si saben que pueden obtener derechos exclusivos sobre su comercialización y producción durante un período determinado.

El registro de variedades vegetales beneficia tanto a los agricultores como a los consumidores ya que los agricultores pueden acceder a variedades mejoradas y resistentes a enfermedades, más productivas o adaptadas a condiciones específicas de cultivo. Los consumidores pueden beneficiarse con un mayor acceso a alimentos de mayor calidad y diversidad. Ello aporta al mantenimiento de la diversidad genética al promover la inclusión de variedades tradicionales y locales en el registro, contribuyendo así a su preservación (Secretaría de Agricultura y Desarrollo Rural, 2020)

Es oportuno mencionar que, con el RNVV, México cumple con su compromiso ante la UPOV estipulado en el Convenio Internacional para la Protección de las Obtenciones Vegetales, ya que cada nación asume la obligación de establecer estándares y procedimientos para la protección de las variedades vegetales de acuerdo con los estándares internacionales. En resumen, el Registro Nacional de Variedades Vegetales es una parte importante de la regulación y promoción de la diversidad genética de plantas cultivadas, la innovación agrícola y la protección de los derechos de los obtentores de nuevas variedades vegetales. Su función es fundamental para garantizar el desarrollo sostenible de la agricultura y la disponibilidad de variedades de cultivos de alta calidad.

Ley Federal de Producción, Certificación y Comercio de Semillas

Esta ley rige la producción, certificación y comercio de semillas para asegurar la calidad, la seguridad y la diversidad de las semillas agrícolas. Esta ley determina la responsabilidad a la Secretaría de Agricultura, Ganadería, Desarrollo Rural, Pesca y Alimentación para la producción de semillas certificadas, su calificación, comercialización y puesta en circulación. Esta disposición además aborda cuestiones como la calidad de las semillas, su etiquetado, las variedades autorizadas (Gobierno de México, 2020).

La Ley Federal de Producción, Certificación y Comercio de Semillas instaura políticas importantes como: la promoción de ciencia y tecnología para la mejora de semillas; fomento de mecanismos de vinculación para investigar, producir, comercializar y utilizar semillas mediante esquemas donde los pequeños productores accedan preferentemente a novedosas semillas de calidad. En tal sentido, se fomentan programas de capacitación y ayuda técnica al sector agrícola que complementan mecanismos legislados para el desarrollo rural sustentable (Borbón-Morales, 2022).

Otro elemento que se destaca en el instrumento jurídico es el Catálogo Nacional de Variedades Vegetales es administrado por el Servicio Nacional de Inspección y Certificación de Semillas (SNICS), que es una dependencia de la propia Secretaría de Agricultura y Desarrollo Rural (SADER, 2020). El catálogo incluye información sobre las variedades de plantas que cumplen con las formalidades de calidad, identidad y pureza establecidos por la autoridad competente.

Dicho catálogo incluye variedades de cultivos como cereales, legumbres, hortalizas, frutales, plantas ornamentales y más. Cada variedad registrada en el catálogo debe cumplir con ciertos estándares de calidad y pureza para asegurar que los agricultores y los consumidores tengan acceso a semillas de calidad (Domínguez-García, et al. 2019). Por tanto, el Catálogo Nacional de Variedades Vegetales es fundamental para la protección de los derechos de los obtentores y para garantizar la calidad y la diversidad de las variedades vegetales disponibles en México.

Por último, la Ley Federal de Producción, Certificación y Comercio de Semillas sanciona las infracciones relacionadas con el comercio de semillas conlleve a error, engaño, adulteración, confusión o una falsa apreciación de las características esenciales del producto, así como su importación sin cumplir con la normativa vigente. Estas sanciones pueden cambiar con dependencia a la gravedad de la infracción y pueden incluir multas, suspensión de actividades, confiscación de productos o equipos, y en casos extremos, incluso la cancelación de registros o permisos (Gobierno de México, 2020).

METODOLOGÍA

La metodología se integra por el análisis bibliográfico de fundamentos teóricos y legislativos respecto a la conceptualización de variedades vegetales; así como sus requisitos y características principales como una modalidad de propiedad intelectual. Posteriormente, se analizan datos secundarios de fuentes oficiales para evaluar el contexto mexicano respecto a la producción, registro y transferencia de variedades vegetales. Por tanto, el enfoque metodológico es exploratorio y documental en virtud de que se reúne información relevante a partir de fuentes bibliográficas, como libros, revistas científicas, tesis, informes técnicos. (Martínez-Corona, Palacios-Almón, Oliva-Garza, 2023).

Posteriormente, como parte de la propia investigación documental, tal y como sugieren López-Santana, et al. (2023), se analizan datos secundarios obtenidos de fuentes estadísticas, como bases de datos, informes gubernamentales, encuestas, entre otros, de fuentes fiables como de la Unión Internacional para la Protección de Nuevas Variedades de Plantas y el Catálogo Nacional de Variedades Vegetales. Estos datos, se utilizan para respaldar la información encontrada en la literatura académica y proporcionar una perspectiva cuantitativa sobre el tema de Variedades Vegetales en México; de esta manera se llegan a conclusiones sobre la perspectiva del tema en cuanto fortalezas y áreas de oportunidad.

Por tanto, la investigación documental es útil para comprender un tema de Variedades Vegetales en México desde una visión de propiedad intelectual, ya que se recopila información existente. Dentro de este marco, se obtiene una visión completa del objeto de investigación, aprovechando tanto la información cualitativa como cuantitativa disponible en la literatura y en las fuentes estadísticas consultadas.

RESULTADOS

En esta sección, se describen datos estadísticos de la Unión Internacional para la Protección de Nuevas Variedades de Plantas (UPOV) para evaluar comparativamente la posición de México en la creación, producción y transferencia de variedades vegetales, respecto a otros países referentes internacionales. De la misma manera, se analiza información proveniente del Catálogo Nacional de Variedades Vegetales que describe, de manera más detallada, las cifras de registros, modalidades y procedencia de los registros de obtentor solicitados en la nación.

Unión Internacional para la Protección de Nuevas Variedades de Plantas

La Unión Internacional para la Protección de Nuevas Variedades de Plantas (UPOV) en sus siglas en inglés, es una instancia intergubernamental con sede en Ginebra (Suiza). Se dedica a promover y armonizar la protección de los derechos de los obtentores de variedades vegetales. Fundada en 1961, UPOV tiene como objetivo primordial fomentar la innovación en la mejora de plantas al proporcionar un sistema de protección de derechos de obtentores que incentiva la inversión en la investigación y el desarrollo de nuevas variedades vegetales (UPOV, 2023).

El sistema de UPOV establece estándares y directrices para la protección de los derechos de obtentores de nuevas variedades vegetales, lo que significa que quienes desarrollan nuevas variedades vegetales tienen ciertos derechos exclusivos sobre esas variedades durante un período de tiempo determinado. Esto les permite recuperar las inversiones en investigación y desarrollo, así como promover la introducción de nuevas variedades en el mercado.

La protección de variedades vegetales según las normas de UPOV (2023), puede incluir la obtención de derechos exclusivos para producir, vender, comercializar y distribuir una variedad vegetal durante un período de tiempo específico. Sin embargo, esta protección también tiene en cuenta la necesidad de sostener una armonía entre los derechos de los obtentores y el acceso de los agricultores a variedades vegetales para su propio uso.

Por parte de la Unión Internacional para la Protección de Nuevas Variedades de Plantas existen un conjunto de acuerdos y convenciones que las naciones pueden firmar y ratificar para establecer el marco legal de la protección de variedades vegetales en sus jurisdicciones. Es oportuno señalar que UPOV ha evolucionado con el tiempo, y existen diferentes versiones de su convenio, como UPOV 1978 y UPOV 1991. Los países que son miembros de UPOV pueden optar por adherirse a una versión particular del convenio.

Otra función de esta instancia es aportar datos y estadísticas sobre protección de obtenciones vegetales a nivel global. Es una información actualizada, gratuita, accesible e interactiva. Por ejemplo, en la figura 1 se puede apreciar el escalafón de solicitudes de registros de variedades vegetales por países desglosado en residentes y no residentes para el año 2021. Es válido destacar a China, Países Bajos, Estados Unidos, Alemania y Francia quienes lideran el ranking con más de mil solicitudes de registros anuales, donde la nación asiática sobresale con 10 mil 574 solicitudes. Igualmente se identifica que la mayoría de las naciones sus solicitudes de registro por parte de los residentes supera a los no residentes.

Figura 1. Escalafón internacional de solicitudes de registro de variedades vegetales

Rank	Country of resident of breeder	Applications filed as:				Total	
		Resident					
		Resident	Non-resident (EU member States)	Total	Non-resident		
1	China	10,539		10,539	35	10,574	42%
2	Netherlands	701	1,222	1,923	1,289	3,212	13%
3	United States of America	813		813	1,968	2,781	11%
4	Germany	29	465	494	607	1,101	4%
5	France	97	482	579	481	1,060	4%
6	Japan	474		474	212	686	3%
7	Republic of Korea	530		530	45	575	2%
8	Switzerland	13		13	531	544	2%
9	Russian Federation	478		478	2	480	2%
10	Argentina	358		358	69	427	2%

Fuente: UPOV (2023)

Otra información relevante es el crecimiento de solicitudes por países del año 2021, respecto al 2020 tanto en cantidades como en porcentaje. Por ejemplo, China incrementa en más de 2 mil 210 solicitudes de variedades vegetales lo que supera en 27 por ciento sus indicadores respecto al año precedente. También hubo un crecimiento ostensible del 790 por ciento en el Reino Unido entre un período y otro. Llama la atención el decremento de naciones como Ucrania que redujo en 234 sus solicitudes, motivado por el conflicto bélico que vive con Rusia. Respecto a México, sus solicitudes de variedades vegetales decaen en un 50 por ciento, lo que llama poderosamente la atención, pues se considera un país con indicadores bajos para las potencialidades que posee en materia de variedades vegetales.

Figura 2. Comparativo de solicitudes de registro de variedades vegetales año 2021 vs 2020 por países

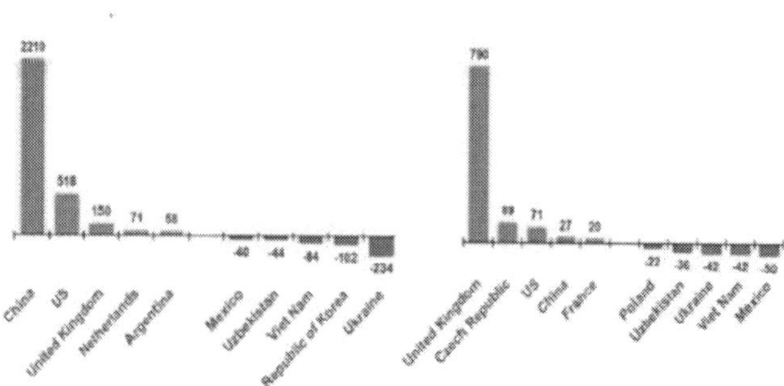

Fuente: UPOV (2023)

Catálogo Nacional Variedades Vegetales en México

El Catálogo Nacional de Variedades Vegetales es una herramienta útil y disponible de dominio público ya que muestra las variedades y sus características genéticas en el proceso de distinción de registro en el país. La protección intelectual en variedades vegetales es un elemento importante necesario para incentivar la inversión en la investigación y desarrollo en México.

La Secretaría de Agricultura y Desarrollo Rural, mediante del Servicio Nacional de Inspección y Certificación de Semillas, se encarga de administrar el registro de variedades vegetales, en dos modalidades. En primer lugar, la ya mencionada modalidad de Derechos de Obtentor que ofrece tutela intelectual de la propiedad a genotipos vegetales novedosos por 15 o 18 años dependiendo la clase de cultivo. En segundo lugar, la inscripción en el Catálogo Nacional de Variedades Vegetales que ingresan al proceso de calificación de semillas, para la producción de semillas de calidad.

Es oportuno mencionar que ambos registros no son excluyentes por lo que un genotipo vegetal puede aparecer en uno o en los dos registros al unísono, esto con relación al objetivo. Es por ello, que para contar con información actualizada y de fácil acceso por parte de los productores de semillas y los agricultores, la Secretaría de Agricultura y Desarrollo Rural (2023), a través del SNICS publica periódicamente el Catálogo de Innovaciones Vegetales.

Los datos más recientes, analizan el período de noviembre de 2021 a octubre de 2022; en donde se consignan 372 variedades vegetales registradas. El 46 por ciento de los registros, corresponde a variedades que cuentan con un Título de Obtentor; mientras que el 42 por ciento se inscribieron en el Catálogo Nacional de Variedades Vegetales. Por consiguiente, el 12 por ciento restante se encuentra registrado en ambos apartados. Además, el 46 por ciento de los registros corresponden a cereales, oleaginosas, forrajeras e industriales; el 21 por ciento a frutas, el 18 por ciento a hortalizas y el 15 por ciento a plantas ornamentales. Los cultivos más registrados corresponden a variedades de maíz (126); fresa (22); jitomate (19) entre otros.

Los derechos derivados del catálogo, como parte de la propiedad intelectual son territoriales por lo que aparecen muchas solicitudes de extranjeros con actividad agrícola en el territorio. Así pues las variedades registradas fueron otorgadas a favor de 39 obtentores, provenientes de 10 nacionalidades donde 158 le corresponde a Estados Unidos, 139 a México (139), 44 Países bajos, 8 Australia, 6 Alemania, 6 España 6, 5 a Suiza, 3 a Francia, 2 a Italia y 1 a Sudáfrica. Se observa que el de cada 10 registros de variedades vegetales en México solamente 3.74 son llevados a cabo por los propios mexicanos, por lo que existe una brecha considerable con personas físicas o morales extranjeras con actividad empresarial en México.

Figura 3. Variedades inscritas por nacionalidades en territorio mexicano durante 2022

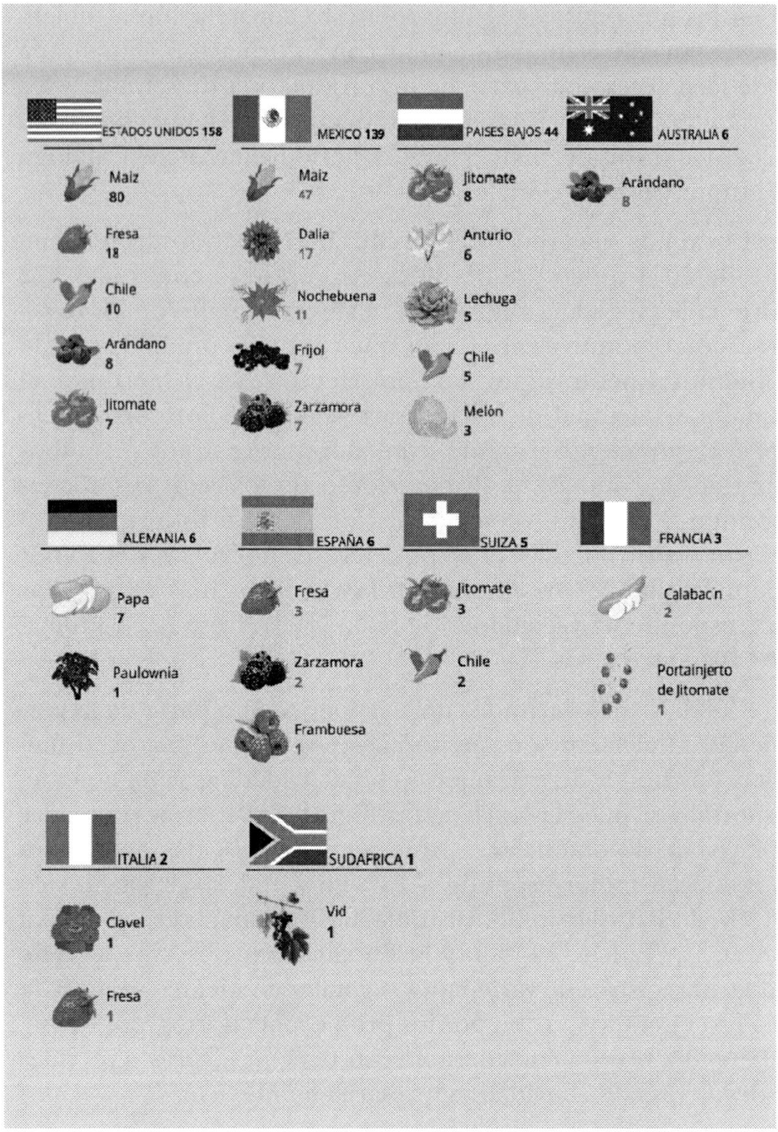

Fuente: Secretaría de Agricultura y Desarrollo Rural (2023)

CONCLUSIONES

Existen en México, tal y como exhibe Semarnat, (2022), IMCO, (2022), CONEVAL, (2023), se aprecian múltiples problemáticas en materia de medio ambiente, agua, nutrición y biodiversidad. Aún subsisten múltiples dificultades con el agua, contaminación ambiental, hambre y desnutrición; además de pérdida de ecosistemas de flora y fauna. Ello demanda una atención más profunda de los gobiernos (Awewomom, et al. 2024), universidades (Mccombs, Barrios & Garcés, 2023) y sociedad en sentido general (Sukma-Nirad, et al. 2022) para revertir las complicaciones que impiden el cumplimiento de objetivos de desarrollo sostenible en México que tienen relación con cero hambre, bienestar y salud, agua limpia y saneamiento, ciudades y comunidades sostenibles, producción y consumo responsable, acción por el clima, vida submarina, vida de ecosistemas terrestres.

En tal sentido, MacDonald (2023), destaca que las variedades vegetales resultan una vía efectiva para resolver las problemáticas ya que fomenta la creación intelectual de variedades vegetales novedosas, pero también nutritivas, resistentes, que demanden menos recursos para la producción, concediendo derechos de obtentor. Así, para los obtentores, está primeramente el reconocimiento moral de la paternidad por la creación de manera vitalicia, siendo un derecho personal, perpetuo e intransferible, al estar vinculado con el componente creativo de la persona (Rohe et al, 2022). Adicionalmente, también se cuenta con derechos desde la perspectiva patrimonial, que implica gozar de los beneficios por la creación de una variedad vegetal, los cuales sí se pueden transferir y tienen una temporalidad determinada por la ley (Saldaña-Villoldo, 2022).

México, cuenta con un marco normativo a tono con las necesidades actuales, al ser parte del Convenio Internacional para la Protección de las Obtenciones Vegetales, que como tratado internacional promueve y protege los derechos de los obtentores de nuevas variedades de plantas. Asimismo, se incentiva la inversión en investigación y desarrollo en el ámbito de la mejora genética de plantas y para asegurar la disponibilidad de variedades vegetales de alta calidad para la agricultura y la horticultura; incentivando a que los países establezcan su legislación propia en materia de variedades vegetales (Gobierno de México, 2020).

En tal sentido, el país cuenta con su Ley Federal de Variedades Vegetales. Esta norma jurídica, coinciden Arcudia-Hernández, & Magaña-Rufino (2022), se establece el procedimiento de registro de variedades vegetales, que otorga derechos exclusivos a los obtentores de nuevas variedades vegetales para la producción, reproducción, venta y comercialización de las mismas durante un período de tiempo de dieciocho años para especies perennes (forestales, frutícolas, vides, ornamentales) y sus portainjertos, y quince años para el resto de las variedades. La normativa también describe los procesos para hacer cumplir los derechos de los obtentores y las sanciones por infracciones. En tal sentido, se incluyen disposiciones para incentivar la investigación y el desarrollo en el campo de las variedades vegetales.

Asimismo, se encuentra en vigor además la Ley Federal de Producción, Certificación y Comercio de Semillas que regula la producción, certificación y comercio de embriones de plantas para garantizar la calidad, la seguridad y la diversidad agrícola. Esta normativa determina la responsabilidad a la Secretaría de Agricultura, Ganadería, Desarrollo Rural, Pesca y Alimentación para la producción de semillas certificadas, su calificación, comercialización y puesta en circulación. Además, aborda cuestiones como la calidad de las semillas, su etiquetado, las variedades autorizadas (Gobierno de México, 2020).

A pesar del acertado sistema normativo que tiene México, atemperado al Convenio Internacional para la Protección de las Obtenciones Vegetales, se presentan muy pocos registros en la nación respecto a las métricas internacionales (UPOV, 2023). Se aprecia una falta de cultura de registros ya que la nación durante el período de noviembre de 2021 a octubre de 2022; en donde se consignan 372 variedades vegetales registradas, solamente 37.37 por ciento corresponden a personas físicas y morales residentes en el país, el resto son adjudicadas por extranjeros con actividad empresarial en el territorio nacional. Esta tendencia en países como China, Estados Unidos, Corea del Sur y Japón es diametralmente opuesta ya que las variedades vegetales creadas por residentes triplican o cuadruplican a la de los no residentes (UPOV, 2023).

Otro aspecto a considerar, según la Secretaría de Agricultura y Desarrollo Rural (2023), es que hay poca diversificación en cuanto a la solicitudes presentadas en México ya que los cultivos más registrados corresponden a variedades de alimento como el maíz (126); fresa (22); jitomate (19) entre otros, con muy poca representatividad de variedades ornamentales, aromáticas y maderables que también son importantes en un balance dentro del ecosistema natural ya que coadyuvan a combatir el desgaste de los suelos, la deforestación, la contaminación del aire, etcétera. Los derechos derivados del catálogo, como parte de la propiedad intelectual son territoriales por lo que, nuevamente se evidencia que la mayoría de las solicitudes corresponden a extranjeros con actividad agrícola en el territorio.

Así pues, las variedades registradas fueron otorgadas a favor de 39 obtentores, provenientes de 10 nacionalidades donde 158 le corresponde a Estados Unidos, 139 a México (139), 44 Países bajos, 8 Australia, 6 Alemania, 6 España 6, 5 a Suiza, 3 a Francia, 2 a Italia y 1 a Sudáfrica. Se observa que el de cada 10 registros de variedades vegetales en México solamente 3.74 son llevados a cabo por los propios mexicanos, por lo que existe una brecha considerable con personas físicas o morales extranjeras con actividad empresarial en México (Secretaría de Agricultura y Desarrollo Rural, 2023)

REFERENCIAS BIBLIOGRÁFICAS

Afonso-Dorta, A., & Ramón-Fernández, F. (2022). La variedad vegetal y la protección de la biodiversidad. *Biotecnología En El Sector Agropecuario y Agroindustrial, 20*(2), 142–152. https://doi.org/10.18684/rbsaa.v20.n2.2022.1741

Alomar Messineo, D. S. (2020). Derechos de propiedad intelectual, biotecnología y concentración en la producción y comercialización de semillas. Argentina (1996-2019). (Spanish). *Realidad Económica, 333*, 63–88.

Arcudia-Hernández, Carlos Ernesto & Magaña-Rufino, José Manuel. (2022). El régimen jurídico y la concesión de los títulos de obtentor en México. *Revista Iberoamericana de La Propiedad Intelectual, 16.*

Awewomom, J., Dzeble, F., Takyi, Y. D., Ashie, W. B., Ettey, E. N. Y. O., Afua, P. E., Sackey, L. N. A., Opoku, F., & Akoto, O. (2024). Addressing global environmental pollution using environmental control techniques: a focus on environmental policy and preventive environmental management. *Discover Environment, 2*(1), 1–20. https://libcon.rec.uabc.mx:4440/10.1007/s44274-024-00033-5

Borbón-Morales, C. G. (2022). Negocio inclusivo en Agricultura Protegida: Intervención del CPI en la Cadena de Valor Social. *Scientia et PRAXIS, 2*(4, Part 1), 35–65. https://libcon.rec.uabc.mx:4440/10.55965/setp.2.coed.a2

Comité Calificador de Variedades Vegetales de México. (2024). *Evaluación de Variedades Vegetales.* Recuperado de https://www.agricultura.gob.mx/comite-calificador-variedades-vegetales

Consejo Nacional de Evaluación de la Política de Desarrollo Social. (2022). *Diagnóstico sobre alimentación y nutrición.* CONEVAL. Ciudad de México. https://www.coneval.org.mx/evaluacion/ecnch/documents/diagnostico sobre alimentacion y nutricion 270715.pdf

Domínguez-García, I, Altamirano-Cárdenas, J.R, Barrientos-Priego, A, & Ayala-Garay, A. (2019). ANÁLISIS DEL SISTEMA DE PRODUCCIÓN Y CERTIFICACIÓN DE SEMILLAS EN MÉXICO. *Revista fitotecnia mexicana, 42*(4), 347-356. Epub 16 de octubre de 2020. Recuperado en 28 de abril de 2024, de http://www.scielo.org.mx/scielo.php?script=sci_arttext&pid=S0187-73802019000400347&lng=es&tlng=es

Espinosa, O. (2021). *Protección de las obtenciones vegetales: Vol. Primera edición digital.* Pontificia Universidad Católica del Perú. Fondo Editorial.

Gobierno de México. (2020). *Ley Federal de Variedades Vegetales.* Última reforma DOF 10 de diciembre de 2019. Recuperado de http://www.diputados.gob.mx/LeyesBiblio/pdf/LFVV_081218.pdf

Gobierno de México. (2020). *Ley Federal de Producción, Certificación y Comercio de Semillas.* Última reforma DOF 5 de mayo de 2019. Recuperado de http://www.diputados.gob.mx/LeyesBiblio/pdf/LFPCCS_280120.pdf

González-Merino, A. (2018). El sistema de propiedad intelectual sobre variedades vegetales. ¿El sistema UPOV vigente atenta contra los derechos de los agricultores y la seguridad alimentaria? *Alegatos–Revista Jurídica de La Universidad Autónoma Metropolitana, 100,* 909–932.

Instituto Mexicano para la Competitividad. (2023). *Situación del Agua en México.* Centro de la Investigación en Política Pública. https://imco.org.mx/situacion-del-agua-en-mexico/

International Union for the Protection of New Varieties of Plants. (2023) *Data and statistics on plant variety protection.* Copyright © 2011, UPOV. https://www.upov.int/databases/en/#QG40

López-Santana, E., Méndez-Giraldo, G., Ávila Choconta, H. A., Franco, C., & Rueda-Velasco, F. (2023). Metodologías y aplicaciones de diagnósticos sectoriales: una revisión de la literatura. *Ingeniería (0121-750X), 28,* 1–36. https://libcon.rec.uabc.mx:4440/10.14483/23448393.17872

MacDonald, H. (2023). Who judges plants? Scientific-legal judgement of varieties for plant breeder's rights. *Journal of World Intellectual Property,* 1. https://doi.org/10.1111/jwip.12276

Martínez Maruri, E. M. (2020). El Obtentor Vegetal Y El Productor: Una Aproximación Desde Un Punto De Vista Práctico. *Revista de Derecho (15105172), 19*(38), 73–83. https://doi.org/10.47274/DERUM/38.4

Martínez-Corona, J. I., Palacios-Almón, G. E., & Oliva-Garza, D. B. (2023). Guía Para La Revisión Y El Análisis Documental: Propuesta Desde El Enfoque Investigativo. *Ra Ximhai, 19*(1), 67–83. https://libcon.rec.uabc.mx:4440/10.35197/rx.19.01.2023.03.jm

Mccombs, M. E., Barrios, M., & Garcés, M. (2023). Rethinking environmental news coverage through Agenda-Setting and the normative function of attributes. *Comunicación y Sociedad (0188-252X), 20*, 1–24. https://libcon.rec.uabc.mx:4440/10.32870/cys.v2023.8574

Nava-Martínez, L. H. (2023). Recolección de alimentos vegetales: una tradición chichimeca en Zacatecas. *Cuicuilco Revista de Ciencias Antropológicas, 30*(87), 43–72

Ramón-Fernández, F. (2020) *La variedad vegetal ante el avance biotecnológico y los objetivos de desarrollo sostenible.* Reus: Madrid (España).

Ramón-Fernández, F. (2021). La Protección de la Variedad Vegetal ante la Innovación Biológica: Una Reflexión sobre la Patentabilidad de Los Vegetales y los Objetivos de Desarrollo Sostenible (ODS). (Spanish). *Revista General de Legislación y Jurisprudencia, 1*, 69–101.

Rey Lema, D. M. (2022). El régimen corporativo alimenticio y la protección jurídica del derecho de obtentor vegetal en Colombia. *Revista Jurídicas, 19*(2), 88–102. https://libcon.rec.uabc.mx:4440/10.17151/jurid.2022.19.2.5

Rohe, S., Oltmer, M., Wolter, H., Gmeiner, N., & Tschersich, J. (2022). Forever niche: Why do organically bred vegetable varieties not diffuse? *Environmental Innovation & Societal Transitions, 45*, 83–100. https://doi.org/10.1016/j.eist.2022.09.004

Saldaña-Villoldo, B. (2022) *Las variedades vegetales y el estatuto jurídico del obtentor. En torno al nuevo régimen de la protección provisional.* Marcial Pons, ediciones jurídicas y sociales.

Secretaría de Medio Ambiente y Recursos Naturales. (2022) *Informe de labores. Medio Ambiente.* Gobierno de México. https://www.gob.mx/cms/uploads/attachment/file/756773/MEDIO-AMBIENTE_4to_InformeLabores_web.pdf

Secretaría de Agricultura y Desarrollo Rural. (2020). *Catálogo Nacional de Variedades Vegetales.* Recuperado de https://www.gob.mx/agricultura/documentos/catalogo-nacional-de-variedades-vegetales

Secretaría de Agricultura y Desarrollo Rural (2023) *Innovaciones Vegetales 2022.* Servicio Nacional de Inspección y Certificación de Semillas: México. https://www.gob.mx/cms/uploads/attachment/file/821598/CATALOGO-INNOVACIONES_2022-READY__1__compressed.pdf

Sukma Nirad, D. W., Kartika, A. D., Vadreas, A. K., Amelia, W., Rahmah, S., & Andre, H. (2022). Design of Socio-Technopreneur Platform Model as Innovative Solution to Environmental and Economic Problems. *2022 International Symposium on Information Technology and Digital Innovation (ISITDI), Information Technology and Digital Innovation (ISITDI), 2022 International Symposium On*, 96–100. https://libcon.rec.uabc.mx:4440/10.1109/ISITDI55734.2022.9944530

Unión Internacional para la Protección de las Obtenciones Vegetales. (1991). *Convenio Internacional para la Protección de las Obtenciones Vegetales, última versión.* Recuperado de https://www.upov.int/legislation/es/conventions/1991/upov_conv_1991_1.html

Unión Internacional para la Protección de Nuevas Variedades de Plantas. (2023). *UPOV. Escalafón internacional de solicitudes de registro de variedades vegetales.* Recuperado de https://www.upov.int

Capitulo 5

Estrategias para una alimentación responsable y sostenible

ROBERT EFRAÍN ZÁRATE CORNEJO[1]
LOURDES CUTTI RIVEROS[2]
ROCÍO VILLALÓN CAÑAS[3]

RESUMEN: Implementar estrategias para una alimentación responsable y sostenible requiere de la colaboración de gobiernos, empresas y consumidores. Algunas estrategias prácticas son consumir preferentemente alimentos frescos y de temporada de origen vegetal, moderar el consumo de carne, prescindir de productos ultraprocesados, y organizar las compras para evitar tirar comida. Resalta la importancia de informar a los consumidores sobre

1 Dr. en Ciencias económicas, profesor de tiempo completo de la Facultad de Contaduría y Administración, de la Universidad Autónoma de Baja California. Email: robertzarate@uabc.edu.mx. ORCID: https://orcid.org/0000-0002-6636-1939

2 Dra. en Ciencias Educativas, profesora de tiempo completo de la Facultad de Deportes campus Tijuana, de la Universidad Autónoma de Baja California. Email: lourdes.cutti.riveros@uabc.edu.mx. ORCID: https://orcid.org/0000-0002-3221-9256

3 Dra. en Planeación Estratégica, profesora de tiempo completo de la Facultad de Contaduría y Administración, de la Universidad Autónoma de Baja California. Email: rocio.villalon@uabc.edu.mx. ORCID: 0000-0002-4468-8869

los beneficios de una alimentación sana y ecológica y facilitarles datos comprensibles sobre los productos que consumen.

En este capítulo, se examina la relevancia de la alimentación responsable y sostenible a partir de las decisiones de compra y consumo de alimentos de las personas que adoptan prácticas favorables para el medio ambiente y la salud. Se discute la importancia de seguir prácticas alimentarias que no solo cumplan con las necesidades nutricionales presentes, sino que también cuiden el medio ambiente y garanticen la capacidad de las generaciones futuras para cumplir sus propias necesidades.

PALABRAS CLAVES: Alimentación responsable, sustentabilidad, medio ambiente y políticas públicas

ABSTRAC: Implementing strategies for responsible and sustainable eating requires the collaboration of governments, companies and consumers. Some practical strategies are to preferably consume fresh and seasonal foods of plant origin, moderate meat consumption, do without ultra-processed products, and organize purchases to avoid throwing away food. It highlights the importance of informing consumers about the benefits of a healthy and organic diet and providing them with understandable data about the products they consume.

In this chapter, the relevance of responsible and sustainable eating is examined based on the food purchasing and consumption decisions of people who adopt favorable practices for the environment and health. The importance of following dietary practices that not only meet present nutritional needs, but also care for the environment and ensure the ability of future generations to meet their own needs is discussed.

KEYWORDS: Responsible food, sustainability, environment and public policies

INTRODUCCIÓN

La alimentación responsable y sostenible no es solo un concepto, es una necesidad. Buscamos satisfacer las necesidades nutricionales de la población actual sin poner en riesgo a las generaciones futuras. Se trata de encontrar un equilibrio entre la producción de alimentos y la protección del medio ambiente. Un equilibrio que nos permita disfrutar de una alimentación nutritiva y saludable sin agotar los recursos naturales del planeta.

Sin embargo, los desafíos ambientales y de salud pública son temas de actualidad, donde las decisiones de las personas para comprar y consumir alimentos se convierten en herramientas para impactar en la salud y el medio ambiente. Por lo que es fundamental educar a los consumidores sobre la importancia de una alimentación saludable y sostenible, así como proporcionarles información clara y accesible sobre los productos que adquieren (Reynoso et al., 2021).

En el contexto actual la industrialización de alimentos ha homogeneizado las dietas, aumentando el consumo de alimentos ultraprocesados y disminuyendo la ingesta de alimentos naturales (Silva et al., 2021). El consumo de alimentos ultraprocesados suelen ser altos en calorías, grasas, azúcares y sal que afectan a la salud y, son una amenaza para la salud pública. Sin embargo, la comodidad y el fácil acceso de estos productos han impulsado su popularidad, con efectos negativos para la salud humana que cada vez es más preocupante.

El objetivo del presente capítulo es analizar la importancia de la alimentación responsable y sostenible entendiendo las decisiones de compra y consumo de alimentos de las personas en la adopción de prácticas que contribuyan a un impacto ambiental positivo y un beneficio a la salud. El capítulo se construye a partir de la revisión de publicaciones de especialistas que exploran estrategias para fomentar una alimentación que contribuya de manera positiva al medio ambiente y a la salud de las personas.

Promover una alimentación responsable y sostenible requiere de un trabajo conjunto de consumidores, de la industria alimentaria y de políticas gubernamentales. Educar a la población, modificando sus hábitos de compra de alimentos, implementar estrategias como el etiquetado nutricional y los impuestos selectivos, y fomentar la producción y consumo de alimentos saludables y respetuosos con el medio ambiente son pasos fundamentales hacia un sistema alimentario más sostenible y beneficioso para la salud de las personas.

MARCO TEORICO

La alimentación sostenible implica el uso adecuado de los recursos naturales, la reducción del desperdicio de alimentos, la preferencia por productos locales, el consumo moderado de productos de origen animal y la promoción de dietas con mayor cantidad de alimentos de origen vegetal. Este enfoque busca producir, distribuir y consumir alimentos de manera que se respete el medio ambiente, garantizando la alimentación actual y futura de la población sin comprometer la seguridad alimentaria ni dañar los ecosistemas y la biodiversidad. La literatura académica destaca que la alimentación sostenible es un componente esencial del desarrollo sostenible (Hu et al., 2018).

Además, se ha señalado que los sistemas alimentarios sostenibles son prioritarios para abordar las implicaciones socioeconómicas y ambientales de prácticas agrícolas a corto plazo (Donini et al., 2016). La definición de dietas sostenibles se basa en la contribución a la seguridad alimentaria y nutricional, así como a la vida saludable de las generaciones presentes y futuras, minimizando el impacto ambiental (Dernini et al., 2016).

La literatura también destaca que los sistemas alimentarios deben ser sostenibles, resilientes y eficientes para garantizar la seguridad alimentaria y la nutrición a lo largo del tiempo (El-Bilali et al., 2016). Además, se ha observado que los productores minoristas de alimentos tienen una oportunidad significativa para influir en el comportamiento del consumidor y apoyar prácticas alimentarias más saludables y sostenibles (Trewern, 2022).

Según Lang y Heasman (2015), la alimentación sostenible no solo implica la producción de alimentos con métodos que minimizan el impacto ambiental, sino que también asegura la equidad social y económica. Estos autores subrayan la importancia de integrar prácticas agrícolas que respeten la biodiversidad y los ecosistemas naturales.

Pollan (2008) argumenta que una dieta sostenible se centra en consumir más alimentos vegetales y menos carne, lo cual está alineado con la necesidad de reducir las emisiones de gases de efecto invernadero y el uso excesivo de recursos como el agua y la tierra. Este enfoque no solo beneficia al planeta, sino que también mejora la salud humana al reducir las enfermedades asociadas con dietas ricas en grasas saturadas y procesados.

Por otro lado, Gliessman (2014) enfatiza en la importancia del apoyo a las economías locales y la producción agrícola a pequeña escala como elementos clave de la sostenibilidad alimentaria. Asimismo, el fomentar sistemas alimentarios locales ayuda a mantener la diversidad genética de los cultivos y asegura una distribución más justa del valor económico dentro de las economías locales.

Tabla 10. Principales estudios y hallazgos de implementar alimentación sostenible

Autor(es)	Caso de Estudio en:	Resultados Principales
Pollan, M.	Estados Unidos	Reducción del consumo de carne y aumento de alimentos vegetales redujo la huella de carbono y mejoró la salud general.
Gliessman, S. R.	México	La implementación de agroecología aumentó la biodiversidad y la sustentabilidad económica de las comunidades rurales.

Willett, W. et al.	Global (Estudio internacional)	Dietas ricas en plantas y bajas en carnes rojas y procesadas disminuyen significativamente el impacto ambiental y mejoran la salud.
Lehmann, L. M. et al.	Italia y Dinamarca	La integración de sistemas de producción de alimentos y no alimentos mostró beneficios en la reducción de impactos ambientales.
Giraldo, M. E. A. et al.	Colombia	La promoción de la entomofagia (consumo de insectos) como fuente de proteína sustentable mejoró la aceptación y redujo impactos ambientales.
Zulaica, L. et al.	Sudeste de Buenos Aires, Argentina	Evaluaciones de sistemas de frutas y verduras con bases agroecológicas mostraron mejoras en la sostenibilidad local y reducción de desperdicios.

Fuente: Elaboración propia

Los efectos ambientales y sociales de los sistemas alimentarios convencionales

Los sistemas alimentarios convencionales se caracterizan por centrarse en un modelo industrial y globalizado de producción, procesamiento, distribución y consumo de alimentos. Estos sistemas se caracterizan por la predominancia de grandes explotaciones agrícolas y ganaderas intensivas que hacen uso de insumos químicos como fertilizantes y pesticidas, así como una fuerte dependencia de combustibles fósiles. La distribución de los alimentos en estos sistemas se lleva a cabo a través de largas cadenas de suministro que implican el transporte de productos a grandes distancias. Además, estos sistemas tienden a favorecer el procesamiento industrial de los alimentos y el consumo de productos ultraprocesados con alto contenido de aditivos y conservantes.

De acuerdo con Paz et al. (2022) la agricultura convencional se apoya en un sistema de producción que depende en gran medida de insumos sintéticos, lo que ha llevado a dificultades para mantener niveles aceptables de producción agrícola debido al aumento de costos y la contaminación. Asimismo, se ha observado que la demanda actual de alimentos ha llevado a un uso extensivo de fertilizantes químicos en sistemas productivos hortícolas, lo que a largo plazo ha resultado en suelos deteriorados con baja fertilidad (González-Salas et al., 2021).

Los sistemas alimentarios convencionales, que dominan la producción y distribución de alimentos a nivel global, están bajo un creciente escrutinio debido a sus significativos impactos ambientales y sociales. Las prácticas agrícolas intensivas, caracterizadas por el uso excesivo de fertilizantes químicos, pesticidas y maquinaria pesada, degradan el suelo, contaminan el agua y contribuyen a la deforestación y a la pérdida de biodiversidad.

A su vez, las complejas cadenas de suministro, que transportan alimentos a largas distancias, generan emisiones de gases de efecto invernadero, incrementando la huella de carbono del sector alimentario. El enfoque de la agricultura industrial, centrado en la producción masiva de alimentos a bajo costo, ha logrado aumentar la disponibilidad de alimentos en las últimas décadas. Sin embargo, este enfoque ha tenido un alto precio ambiental y social.

Asimismo, la deforestación para obtener más tierras de cultivo ha destruido hábitats naturales, reducido la biodiversidad y generado la emisión de gases de efecto invernadero. La producción de alimentos a gran escala implica un alto consumo de recursos naturales, como agua y energía, lo que agrava la presión sobre los ecosistemas y contribuye al cambio climático.

En el ámbito social, los sistemas alimentarios convencionales generan desigualdades en el acceso a alimentos nutritivos y seguros. Asimismo, favorecen a las grandes empresas industriales, dejando a pequeños agricultores y productores en una posición desventajosa respecto al acceso a los mercados y a una mejor distribución de ingresos.

Tabla 2. Efectos ambientales de los sistemas alimentarios convencionales

Efecto Ambiental	Descripción Detallada
Degradación del suelo	Uso intensivo de fertilizantes y pesticidas químicos que deterioran la calidad del suelo, reducen su fertilidad y alteran los ciclos naturales de los nutrientes.
Contaminación del agua	Escorrentía de pesticidas y fertilizantes que contamina cuerpos de agua, lo que provoca eutrofización y daña ecosistemas acuáticos.
Emisiones de gases de efecto invernadero	Operaciones agrícolas intensivas y el transporte de alimentos contribuyen significativamente a las emisiones de CO2 y otros gases, impactando el cambio climático.
Deforestación	Conversión de bosques en tierras agrícolas para satisfacer la demanda de cultivos y ganadería, lo que resulta en la pérdida de hábitats y aumento de emisiones de carbono.
Reducción de biodiversidad	Monocultivos y prácticas agrícolas intensivas que limitan la diversidad de especies en el entorno, afectando la resiliencia ecológica.
Uso excesivo de recursos	Gran consumo de agua y energía en la producción agrícola y procesamiento de alimentos, lo que presiona los recursos naturales y puede llevar a su agotamiento.

Impacto en la salud humana	El uso de químicos y pesticidas puede tener efectos a largo plazo en la salud humana, incluyendo riesgos de enfermedades crónicas relacionadas con residuos químicos en alimentos.

Fuente: Elaboración Propia

Principios para una alimentación responsable y sustentable

La Organización Mundial de la Salud (OMS) plantea que, para una alimentación saludable y sostenible, a fin de mantener un equilibrio energético, controlar el peso corporal, modificar la calidad de las grasas, recomienda aumentar el consumo de frutas, verduras, leguminosas, cereales integrales y semillas oleaginosas, y moderar la ingesta de grasas saturadas, azúcares libres y sal, limitar el consumo de carnes rojas y procesadas; favorecer el consumo de fuentes de proteínas vegetales como legumbres y frutos secos; optar por alimentos mínimamente procesados y evitar los ultraprocesados; y reducir el desperdicio de alimentos (Troncoso-Pantoja, 2019).

La adopción de principios orientados hacia una alimentación responsable y sostenible implica no solo tener en cuenta la calidad nutricional de los alimentos, sino también su repercusión en el medio ambiente. La integración de nuevos enfoques de producción, como la agricultura orgánica y la agricultura intensiva sostenible, junto con la minimización del desperdicio alimentario, son elementos fundamentales para promover una alimentación responsable y sostenible. (Giraldo et al., 2021).

La implementación de sistemas alimentarios más equitativos y sostenibles requiere la participación de diversos actores, incluyendo consumidores, la industria alimentaria y las políticas gubernamentales (Cediel et al., 2021). La colaboración entre productores y consumidores, a través de redes de distribución justas y cortas, garantizan la sostenibilidad de los sistemas alimentarios (Zulaica et al., 2022). Asimismo, la inclusión de nuevos sistemas de producción como la agricultura orgánica, la agricultura intensiva sustentable y la reducción del desperdicio de alimentos podrían ser estrategias fundamentales para avanzar hacia una alimentación más responsable y sustentable (Giraldo et al., 2021).

Algunos principios para una alimentación responsable y sustentable se basan en la implementación de prácticas que minimicen el impacto ambiental y social negativo de la producción y consumo de alimentos:

- Fomentar la producción y consumo de alimentos locales, apoyando a los pequeños productores, promoviendo cadenas de suministro cortas y asegurando precios justos.
- Promover la gastronomía sostenible, que incluye la producción, procesamiento, transporte y consumo de alimentos de manera que se minimice el impacto ambiental.
- Adoptar prácticas agroecológicas que respeten los ciclos naturales y reduzcan el uso de insumos químicos dañinos para el ambiente.
- Garantizar que las personas tengan acceso a alimentos inocuos, de calidad nutricional y en cantidad suficiente para satisfacer sus necesidades fisiológicas.
- Implementar prácticas de producción y consumo responsables, como la reducción de residuos, el uso de materiales biodegradables y la transparencia en la información sobre los productos.
- Promover dietas más equilibradas y sostenibles, con mayor proporción de alimentos de origen vegetal y menor consumo de carne roja, productos lácteos y alimentos ultraprocesados.

- Adoptar un cambio de paradigma que priorice la armonía con la naturaleza, la equidad social y el bienestar de las generaciones presentes y futuras.

Importancia de la Educación del Consumidor

La importancia de la educación del consumidor radica en el proceso de brindar información, conocimientos y habilidades a las personas para que puedan tomar decisiones informadas y responsables al seleccionar, comprar y utilizar bienes y servicios. Los consumidores tienen derechos y responsabilidades, cómo evaluar la calidad y seguridad de los productos, comprender la información nutricional y las etiquetas, administrar sus finanzas personales, protegerse contra prácticas engañosas y reconocer el impacto ambiental y social de sus elecciones de consumo.

Al educar a los consumidores sobre los impactos ambientales, sociales y de salud asociados a nuestras elecciones alimentarias, pueden tomar decisiones más conscientes. Comprender conceptos como la huella de carbono, la biodiversidad y los sistemas de producción les permite hacer elecciones más sostenibles (Grunert, 2011). Además, se busca que el consumidor sea crítico, consciente y responsable, capaces de tomar decisiones que satisfagan sus necesidades sin perjudicar a otros o al medio ambiente.

La educación desempeña un papel fundamental en la promoción de una alimentación responsable y sostenible al permitir a los consumidores adquirir conocimientos sobre la calidad de los alimentos que consumen, aprender a valorar el precio en función de dicha calidad, y comprender cómo sus elecciones impactan en el medio ambiente, la sostenibilidad y el bienestar (Sánchez & Hernández, 2022). Este enfoque educativo no solo busca concienciar a los consumidores sobre las implicaciones de sus decisiones, sino también capacitarlos para participar activamente en la creación de un sistema alimentario más equitativo y sostenible. El objetivo es fomentar la adopción de hábitos alimentarios saludables y sostenibles que no solo beneficien la salud individual, sino que también contribuyan a la protección del medio ambiente y a la promoción de la equidad social.

Al educar a los consumidores sobre el impacto ambiental y social de sus elecciones de compra, se promueve la adquisición de hábitos de consumo responsables, lo que a su vez impulsa a las empresas a mejorar sus procesos y a implementar planes de responsabilidad social. La educación del consumidor desempeña un papel crucial en la reducción del desperdicio alimentario al enseñar sobre la planificación de compras, la interpretación de etiquetas, el almacenamiento adecuado y el aprovechamiento de sobrantes (Aschemann-Witzel et al., 2017). Según la FAO (2019), aproximadamente un tercio de los alimentos producidos a nivel mundial se desperdicia, y la educación del consumidor es fundamental para abordar este problema y trabajar hacia un sistema alimentario más sostenible.

METODOLOGIA

Para abordar la importancia de la alimentación responsable y sostenible, se adoptó un enfoque cualitativo basado en una revisión sistemática de la literatura y estudios de caso. Se buscó comprender las decisiones de compra y consumo de alimentos desde una perspectiva multidimensional que involucra factores económicos, sociales, y ambientales.

Se realizó una búsqueda exhaustiva en bases de datos académicas como Scopus, Google Scholar para recopilar estudios relevantes publicados en los últimos diez años. Los términos de búsqueda incluyeron "alimentación sostenible", "consumo responsable", "impacto ambiental de alimentos", y "políticas públicas en nutrición".

Se analizaron documentos y publicaciones para extraer información sobre estrategias efectivas y políticas implementadas en diversos contextos. Se empleó análisis de contenido para identificar temas recurrentes y patrones en las estrategias de alimentación sostenible.

RESULTADOS

Implementar estrategias para una alimentación responsable y sostenible es fundamental para abordar los desafíos ambientales, sociales y de salud que enfrenta nuestro planeta. Sin embargo, su éxito requiere de la colaboración entre gobiernos, empresas y consumidores. Cada actor tiene un papel importante en la promoción de una alimentación que sea saludable tanto para las familias como para la población en general.

Estrategias para una alimentación sustentable y responsable en la vida cotidiana

Para promover una alimentación sustentable y responsable en la vida cotidiana, es fundamental adoptar estrategias que fomenten prácticas alimentarias que sean beneficiosas para la salud y el medio ambiente. Algunas estrategias prácticas para adoptar una alimentación más sustentable y responsable se sustentan en las siguientes:

- ***Priorizar alimentos de origen vegetal, frescos y de temporada***: Incorporar más frutas, verduras, legumbres, granos integrales y frutos secos en la dieta. Consumir productos de estación y de productores locales reduce la huella de carbono.
- ***Reducir el consumo de carne, especialmente carne roja***: Según, Willett et al. (2019) afirman que “las dietas ricas en alimentos de origen vegetal y con menor consumo

de carne roja y productos lácteos tienen un impacto ambiental significativamente menor" (p. 447). Consumir menos carne y productos de origen animal ayuda a ahorrar recursos naturales y a emitir menos gases de efecto invernadero.

- *Evitar productos ultraprocesados*: Minimizar el consumo de alimentos con largos ingredientes, aditivos y alto contenido de azúcar, sal y grasas no saludables. Optar por preparaciones caseras con ingredientes frescos.
- *Planificar las compras y aprovechar sobrantes:* Hacer listas de compras, revisar la despensa y refrigerador antes de ir al mercado. Utilizar restos y sobras creando nuevas recetas para evitar el desperdicio (Aschemann-Witzel et al., 2017).
- *Consumir agua del grifo*: Reducir el consumo de bebidas embotelladas disminuye la generación de residuos plásticos y la huella de carbono asociada al transporte.
- *Cultivar algunos alimentos*: Tener una pequeña huerta o macetas con hierbas aromáticas, hortalizas o frutas, fomenta una conexión con la fuente de los alimentos y reduce la dependencia de la cadena de suministro.
- *Comprar a granel y minimizar empaques*: Llevar bolsas reutilizables, adquirir productos a granel en mercados locales o tiendas especializadas para reducir residuos de envases.
- *Apoyar iniciativas de agricultura sostenible*: Buscar sellos de certificación orgánica, comercio justo, integración de productores locales o agricultura regenerativa al comprar alimentos.
- *Educar y concientizar a otros*: Compartir información y buenas prácticas con familiares, amigos y la población para inspirar cambios colectivos hacia sistemas alimentarios más responsables.

Desafíos y oportunidades de una alimentación responsable y sustentable

La alimentación responsable y sustentable enfrenta retos complejos, como equilibrar la producción de alimentos con el cuidado del ambiente. Esto supone usar los recursos naturales de forma racional, bajar las emisiones de gases de efecto invernadero y evitar el desperdicio de alimentos. También hay que garantizar el acceso justo a alimentos sanos y baratos para la gente, en una situación donde la agricultura debe adaptarse al cambio climático. Además, es importante educar y sensibilizar a los consumidores sobre las opciones alimenticias sostenibles que respeten la biodiversidad y las culturas locales, y que reduzcan los efectos negativos de la globalización y la industrialización en los sistemas alimentarios.

Algunos principales desafíos para lograr una alimentación sustentable y responsable incluyen:

- ***Cambios en los Patrones de Consumo***: Un desafío importante es cambiar los hábitos de consumo actuales, que frecuentemente implican alimentos procesados y con mucha grasa saturada y azúcar añadido. Estas costumbres nocivas favorecen la obesidad y las enfermedades crónicas asociadas a la alimentación (DiSantis et al. 2011).
- ***Falta de Conocimiento Nutricional***: La falta de conocimiento sobre nutrición y la importancia de una alimentación equilibrada puede dificultar la adopción de hábitos alimentarios responsables. La educación nutricional es fundamental para abordar este desafío (Pegington et al., 2020).
- ***Acceso a Alimentos Saludables***: En la población, el acceso a alimentos frescos y saludables es limitado, lo que dificulta la adopción de una alimentación responsable. La disponibilidad de opciones alimentarias saludables es crucial para promover hábitos sostenibles (Johnson et al., 2018).

- ***Preferencias y Gustos Alimentarios***: Las preferencias individuales y los gustos alimentarios pueden representar un desafío para la adopción de una alimentación responsable. La percepción de que los alimentos sostenibles son menos sabrosos o atractivos puede influir en la resistencia al cambio (Campbell-Arvai et al., 2012).
- ***Factores Culturales y Sociales***: Los factores culturales, sociales y económicos pueden influir en las elecciones alimentarias de las personas. Las tradiciones culinarias arraigadas y las normas sociales en torno a la alimentación pueden dificultar la transición hacia una dieta más sostenible (Cancino-Opazo et al., 2020).

Sin embargo, se presentan oportunidades para fomentar una alimentación sustentable con beneficios tanto para el medio ambiente como a la salud. Es menester que el gobierno fomente políticas públicas para fortalecer la seguridad alimentaria y promover la agricultura sostenible (Rico, 2023), así como desarrollar estrategias sostenibles para satisfacer las crecientes demandas de alimentos sin comprometer los recursos (Enríquez, 2021). Sin embargo, todo ello debe garantizar el acceso equitativo y sostenible a servicios esenciales como agua, saneamiento y electricidad que son esenciales para la producción y el consumo sostenible de alimentos (Pérez, 2019). Así como, gestionar la reducción de desperdicios de alimentos en la cadena de producción a través de la innovación tecnológica (Manobanda, 2023). Algunas oportunidades para el impulso de una alimentación sustentable se presentan en lo siguiente:

Educación y Concienciación: La educación nutricional y la concienciación sobre la importancia de una alimentación responsable y sostenible pueden ser oportunidades clave para promover cambios en los hábitos alimentarios de la población (Golan & Weizman, 1998).

Promoción de Hábitos Saludables desde la Infancia: Inculcar hábitos alimentarios saludables desde la niñez puede sentar las bases para una vida adulta con elecciones alimentarias responsables. Las intervenciones tempranas pueden tener un impacto significativo en la salud a largo plazo.

Mejora de la salud pública: Adoptar una dieta sustentable, que a menudo enfatiza el consumo de productos locales, orgánicos y de temporada, puede conducir a una alimentación más rica en nutrientes y menos procesada. Esto tiene el potencial de mejorar la salud pública reduciendo la prevalencia de enfermedades relacionadas con dietas pobres y altas en productos ultraprocesados.

Agricultura sostenible: Fomentar prácticas agrícolas que sean respetuosas con el medio ambiente, como la agricultura orgánica, la agroecología, la rotación de cultivos y la conservación de los recursos naturales. (Rico, 2023)

Biodiversidad y resiliencia en la producción de alimentos: Las prácticas agrícolas sustentables pueden mejorar la variedad y la resistencia de los ecosistemas agrícolas. Esto contribuye a crear sistemas de producción de alimentos más fuertes y adaptados a las presiones ambientales, como el cambio climático y las plagas.

Disminución del desecho: Aplicar acciones para disminuir el desecho de alimentos a lo largo de la cadena de suministro, desde la producción hasta el consumo. (Manobanda, 2023)

Innovación tecnológica: Usar las nuevas tecnologías para aumentar la eficiencia en la producción, el procesamiento y la distribución de alimentos, y crear nuevas fuentes de proteínas alternativas.

Tabla 3. Alimentación Responsable: Desafíos y oportunidades

Aspecto	Desafíos	Oportunidades
Reducción del consumo de carne	Cambiar hábitos alimenticios arraigados y superar la preferencia cultural por dietas ricas en carne puede ser difícil.	Fomentar una mayor ingesta de alimentos vegetales puede favorecer la salud pública y disminuir las emisiones de gases que contribuyen al calentamiento global.
Uso de alimentos de origen local y de temporada	La disponibilidad limitada de productos locales y estacionales en ciertas áreas puede dificultar el acceso.	Beneficiar a la economía local y disminuir el impacto ambiental del transporte de alimentos.
Minimización de alimentos ultraprocesados	La conveniencia y la baja coste de los alimentos procesados los hacen atractivos para muchos consumidores.	Informar sobre las ventajas para la salud de los alimentos frescos puede motivar a los consumidores a hacer elecciones más saludables.
Gestión del desperdicio de alimentos	Falta de planificación en compras y en la preparación de alimentos puede llevar a un alto nivel de desperdicio.	Implementar prácticas de compra y cocina conscientes puede reducir significativamente el desperdicio y ahorrar recursos.
Cultivo de alimentos en casa	No todos tienen acceso a espacio adecuado para cultivar alimentos, especialmente en zonas urbanas densamente pobladas.	Fomentar el uso de jardines comunitarios y tecnologías como la hidroponía puede facilitar la producción doméstica de alimentos.
Compras sostenibles (a granel y sin empaques excesivos)	La falta de infraestructura en muchas áreas para comprar alimentos a granel o sin empaques excesivos.	Reducir el uso de empaques puede contribuir a la disminución de los desechos y promover hábitos de consumo más responsables.

Apoyo a la agricultura sostenible	Dominio de la agricultura convencional con prácticas intensivas que pueden ser difíciles de cambiar.	Más prácticas agrícolas que cuiden el medio ambiente pueden impulsar el incremento de la demanda de productos sostenibles.
Educación y concienciación sobre la alimentación sostenible	Desinformación y falta de conciencia sobre los impactos ambientales y de salud de las elecciones alimentarias.	Las campañas educativas pueden capacitar a los consumidores para que elijan con conocimiento de causa e impulsar la transformación a gran escala.

Fuente: Elaboración propia

REFLEXIONES FINALES

La concientización y educación sobre estrategias de alimentación responsable y sostenible son fundamentales para generar un cambio en los hábitos de consumo. Los consumidores, en muchos casos, carecen de información acerca de cómo sus elecciones alimentarias afectan tanto al medio ambiente como a su propia salud. Por tanto, es crucial aumentar la conciencia y el conocimiento sobre los beneficios de una alimentación sostenible para motivar la adopción de patrones de consumo más responsables.

Los principios de una alimentación responsable y sostenible abarcan desde la selección de alimentos nutritivos hasta la promoción de sistemas de producción sostenibles, así como la implementación de políticas públicas que fomenten dietas saludables y equitativas. Estos principios son esenciales para garantizar la salud de las personas y la sostenibilidad del planeta a largo plazo.

A pesar de los desafíos existentes, como los cambios en los patrones de consumo, la falta de conocimiento nutricional y el acceso limitado a alimentos saludables, se presentan oportunidades a través de la educación, la promoción de hábitos saludables desde la infancia y el desarrollo de políticas públicas. Estas estrategias pueden contribuir significativamente a una alimentación más responsable y sostenible en la población.

La educación del consumidor desempeña un rol fundamental en la promoción de hábitos alimentarios responsables y sostenibles. A través de la educación, los consumidores pueden tomar decisiones informadas y conscientes que favorezcan la construcción de un sistema alimentario más saludable, equitativo y respetuoso con el medio ambiente. La literatura respalda la idea de que la educación alimentaria debe enfocarse en mostrar las conexiones entre la producción de alimentos, el consumo y los impactos ambientales y sociales asociados, empoderando a los consumidores para realizar elecciones alimentarias más conscientes y responsables.

En conclusión, abordar los desafíos de los sistemas alimentarios convencionales, promoviendo prácticas agrícolas más sostenibles, diversificando la producción de alimentos y asegurando condiciones laborales justas en toda la cadena alimentaria, es esencial para garantizar la salud del planeta y de la población que depende de estos sistemas. El cambio hacia métodos más sostenibles, como la agricultura orgánica, puede ser un desafío en términos de costos y tecnología, pero es crucial para mitigar el impacto negativo de las prácticas convencionales en el medio ambiente y la salud pública.

REFERENCIAS BIBLIOGRÁFICAS

Ambrosio, A. F., Díaz, L. I. S., Fernández, M. P. D., & Pulido, B. R. (2021). Desde cundinamarca. harina de grillo: gastronomía y sostenibilidad para colombia y el mundo. https://doi.org/10.5294/978-958-12-0583-7

Aschemann-Witzel, J., de Hooge, I., Amani, P., Bech-Larsen, T., & Oostindjer, M. (2017). Consumer-related food waste: Causes and potential for action. Sustainability, 9(6), 1-38. https://doi.org/10.3390/su9060762

Campbell-Arvai, V., Árvai, J., & Kalof, L. (2012). Motivating sustainable food choices. Environment and Behavior, 46(4), 453-475. https://doi.org/10.1177/0013916512469099

Cancino-Opazo, LP, Acosta-Martínez, AI, & Avendaño-Ruiz, BD (2020). Sostenibilidad de la producción vitivinícola del valle de guadalupe. Estudios Sociales. Revista De Alimentación Contemporánea Y Desarrollo Regional, 30(56). https://doi.org/10.24836/es.v30i56.1008

Cediel, G., Pérez-Tamayo, E. M., González-Zapata, L. I., & Gaitan-Charry, D. (2021). Perspectivas actuales sobre alimentación: del nutricionismo a la alimentación saludable, solidaria y sustentable. Revista De La Facultad De Medicina, 70(3), e94252. https://doi.org/10.15446/revfacmed.v70n3.94252

Communications. (2023, 10 febrero). Así repercute el sistema alimentario en la sostenibilidad del planeta. BBVA NOTICIAS. https://www.bbva.com/es/sostenibilidad/asi-repercute-el-sistema-alimentario-en-la-sostenibilidad-del-planeta/

Dernini, S., Berry, E. M., Serra-Majem, L., Vecchia, C. L., Capone, R., Medina, F. X., ... & Trichopoulou, A. (2016). Med diet 4.0: the mediterranean diet with four sustainable benefits. Public Health Nutrition, 20(7), 1322-1330. https://doi.org/10.1017/s1368980016003177

DiSantis, K. I., Hodges, E. A., Johnson, S. L., & Fisher, J. O. (2011). The role of responsive feeding in overweight during infancy and toddlerhood: a systematic review. International Journal of Obesity, 35(4), 480-492. https://doi.org/10.1038/ijo.2011.3

Donini, L. M., Dernini, S., Lairon, D., Serra-Majem, L., Amiot, M., Balzo, V. d., ... & Berry, E. M. (2016). A consensus proposal for nutritional indicators to assess the sustainability of a healthy diet: the mediterranean diet as a case study. Frontiers in Nutrition, 3. https://doi.org/10.3389/fnut.2016.00037

El-Bilali, H., Debs, P., & Bottalico, F. (2016). Relations between food and nutrition security, diets and food systems. The Journal "Agriculture and Forestry", 62(1). https://doi.org/10.17707/agricultforest.62.1.05

Enríquez, JP y Ader, D. (2021). Intensificación sostenible como estrategia para afrontar problemas de seguridad alimentaria y nutricional. Innovare: Revista de ciencia y tecnología.

Foley, J. A., Ramankutty, N., Brauman, K. A., Cassidy, E. S., Gerber, J. S., Johnston, M., ... & Zaks, D. P. M. (2011). Solutions for a cultivated planet. Nature, 478(7369), 337-342.

Gliessman, S. R. (2014). Agroecology: The ecology of sustainable food systems (3ra ed.). Boca Raton: CRC Press.

Giraldo, M. E. A., Padilla, W. I. G., Mejía, M. L., Giraldo, C. M. M., & Arias-Giraldo, S. (2021). Entomofagia: una opción nutricional y sustentable para la alimentación humana. Tendencias en La Investigación Universitaria. Una Visión Desde Latinoamérica. Volumen XIV, 198-213. https://doi.org/10.47212/tendencias2021vol.xiv.14

Grunert, K. G. (2011). Sustainability in the food sector: A consumer behaviour perspective. International Journal on Food System Dynamics, 2(3), 207-218. https://doi.org/10.18461/ijfsd.v2i3.232

Golan, M. and Weizman, A. (1998). Reliability and validity of the family eating and activity habits questionnaire. European Journal of Clinical Nutrition, 52(10), 771-777. https://doi.org/10.1038/sj.ejcn.1600647

González-Salas, U., Robles, M. Á. G., Rangel, P. P., García-Carrillo, M., Rodríguez-Hernández, M. G., García-Hernández, J. L., ... & Guzmán-Silos, T. L. (2021). Efecto de fuentes de nutrición orgánicas e inorgánicas mezcladas con biofertilizantes en la producción y calidad de frutos de melón. Revista Terra Latinoamericana, 39. https://doi.org/10.28940/terra.v39i0.904

Hu, S., Chen, R., & Zhang, N. (2018). Loneliness makes consumers avoid unsafe food. Sustainability, 10(9), 2998. https://doi.org/10.3390/su10092998

Johnson, B. J., Zarnowiecki, D., Hendrie, G. A., Mauch, C. E., & Golley, R. K. (2018). How to reduce parental provision of unhealthy foods to 3- to 8-year-old children in the home environment? a systematic review utilizing the behaviour change wheel framework. Obesity Reviews, 19(10), 1359-1370. https://doi.org/10.1111/obr.12702

Lang, T., & Heasman, M. (2015). Food wars: The global battle for mouths, minds and markets (2da ed.). Londres: Routledge.

Lehmann, L. M., Borzęcka, M., Żyłowska, K., Pisanelli, A., Russo, G., & Ghaley, B. B. (2020). Environmental impact assessments of integrated food and non-food production systems in italy and denmark. Energies, 13(4), 849. https://doi.org/10.3390/en13040849

Lucena, P. (2023, 17 noviembre). ¿Qué impacto ambiental tiene la industria alimentaria? | 2024. Maestrías y MBA. https://www.cesuma.mx/blog/impacto-ambiental-de-la-industria-alimentaria.html#Impacto_ambiental_negativo_de_la_industria_alimentaria

Manobanda Jiménez, GE (2023). Reducción de desperdicio de alimentos en la cadena de procesamiento: estrategias y beneficios. Dominio de las Ciencias.

Meston, A. (2021, 6 junio). Repensar los sistemas alimentarios. International Science Council. https://council.science/es/current/blog/rethinking-food-systems/

Morales Rico, JE, Martínez García, RD, & Altamirano Santiago, M. (2023). Política económica en México en materia alimentaria durante el año 2021. Dilemas contemporáneos: Educación, Política y Valores.

Reynoso, J., Martínez, L., & Hernández, R. (2021). Educación del consumidor en la era de la sostenibilidad alimentaria. Journal of Sustainable Nutrition, 5(3), 254-271.

Paz, N. C. G. l., Gallegos-Robles, M. Á., González-Salas, U., Rodríguez-Sifuentes, L., Mendoza-Retana, S. S., & Sánchez-Lucio, R. (2022). Potencial de bacillus nativos de la comarca lagunera como biofertilizante en la producción de maíz forrajero. Revista Mexicana De Ciencias Agrícolas, (28), 253-261. https://doi.org/10.29312/remexca.v13i28.3280

Pegington, M., French, D. P., & Harvie, M. (2020). Why young women gain weight: a narrative review of influencing factors and possible solutions. Obesity Reviews, 21(5). https://doi.org/10.1111/obr.13002

Pérez, O (2019). Retos y oportunidades para una gestión eficiente de los servicios de agua potable, saneamiento y electricidad en la República Dominicana. Acta Universitaria .

Pollan, M. (2008). In Defense of Food: An Eater's Manifesto. Nueva York: Penguin Books.

Rodríguez-González, S., Schneider, S., & Coelho-De-Souza, G. (2015, 1 octubre). Reconexión Producción-Consumo: Cambio para La Seguridad Alimentaria y Nutricional y el Desarrollo Rural1. https://www.redalyc.org/journal/437/43738993019/html/

Organización de las Naciones Unidas para la Alimentación y la Agricultura. (2019). El estado mundial de la agricultura y la alimentación 2019. FAO. https://www.fao.org/3/ca6030es/ca6030es.pdf

Willett, W., Rockström, J., Loken, B., Springmann, M., Lang, T., Vermeulen, S., Garnett, T., Tilman, D., DeClerck, F., Wood, A., Jonell, M., Clark, M., Gordon, L. J., Fanzo, J., Hawkes, C., Zurayk, R., Rivera, J. A., De Vries, W., Majele Sibanda, L., ... Murray, C. J. L. (2019). Food in the Anthropocene: The EAT-Lancet Commission on healthy diets from sustainable food systems. The Lancet, 393(10170), 447–492. https://doi.org/10.1016/S0140-6736(18)31788-4

Sánchez, R. E. H. and Hernández, M. E. P. (2022). La educación de los consumidores: una deuda del sistema escolar en el salvador. Diá-Logos, 15-29. https://doi.org/10.5377/dialogos.v24i1.14767

Silva, F., López, M., & García, A. (2021). Globalización, industrialización alimentaria y su impacto en las dietas contemporáneas. Revista de Nutrición y Alimentación, 34(2), 112-129.

Trewern, J., Chenoweth, J., & Christie, I. (2022). Evaluating the impact of a retailer-led pilot at changing consumer behaviour. Proceedings of the Nutrition Society, 81(OCE2). https://doi.org/10.1017/s0029665122000933

Zulaica, L., Molpeceres, M. C., Rouvier, M., Cendón, M. L., & Barral, M. P. (2022). Evaluation of the sustainability of fruit and vegetable systems with agroecological bases: explorations in the southeast of buenos aires, argentina. Revista Geográfica De América Central, 2(69), 283-311. https://doi.org/10.15359/rgac.69-2.10

Capítulo 6

Economía circular en América Latina

MARÍA MARCELA SOLÍS QUINTEROS[1]
RAFAEL EDUARDO SAAVEDRA-LEYVA[2]
TERESA CARRILLO GUTIÉRREZ[3]

RESUMEN: El propósito de este capítulo es proporcionar una visión general de la economía circular en América Latina. Para lograrlo, se ha llevado a cabo un análisis exhaustivo de la literatura especializada disponible en la región sobre este concepto, centrándose en su implementación, estrategias, impacto en las organizaciones y la relevancia de la sostenibilidad en este contexto. En la segunda sección, se exponen los hallazgos sobre los efectos de la economía circular en la producción y el empleo, así como las principales prácticas que se están llevando a cabo en algunos países de América Latina.

ABSTRACT: The purpose of this chapter is to provide an overview of the circular economy in Latin America. To achieve this, an exhaustive analysis of the specialized literature available in the region on this concept has been carried out, focusing on its implementation, strategies, impact on organizations and the relevance of sustainability in this context. In the second

---

1 Profesora investigadora de la UABC, email: marcela.solis@uabc.edu.mx, ORCID: https://orcid.org/0000-0002-0567-0092

2 Profesor investigador de la UABC, email: eduardo.saavedra@uabc.edu.mx, https://orcid.org/0000-0001-9200-4997

3 Profesora investigadora de la UABC, email: tcarrillo@uabc.edu.mx, ORCID: https://orcid.org/0000-0001-9674-3586

section, the findings on the effects of the circular economy on production and employment are presented, as well as the main practices that are being carried out in some Latin American countries.

PALABRAS CLAVES: Economía Circular, sostenibilidad, prácticas de economía circular.

INTRODUCCIÓN

La economía circular ha emergido como una estrategia innovadora que desafía los modelos lineales de producción tradicionales, caracterizados por el uso exhaustivo de recursos naturales y la producción excesiva de residuos. Este paradigma circular propone un cambio fundamental en las relaciones entre la economía, la sociedad y el medio ambiente, aspirando a mantener el valor de productos, materiales y recursos durante el mayor tiempo posible. Al promover el rediseño de procesos industriales, la reutilización, el reciclaje y la regeneración de materiales, la economía circular busca cerrar los ciclos de producción, minimizando el uso de materias primas vírgenes.

Este capítulo proporciona una visión general de la economía circular en América Latina, región que enfrenta desafíos específicos en su adopción debido a factores como la dependencia de la extracción de recursos naturales, la falta de infraestructura adecuada y el limitado desarrollo normativo. Sin embargo, los últimos años han visto un creciente interés y apoyo político hacia la transición circular. Iniciativas públicas y privadas están explorando enfoques que mejoren la sostenibilidad de la producción y el consumo, fomentando la integración de prácticas circulares en sectores clave como la agricultura, la manufactura, y la gestión de residuos.

El análisis exhaustivo de la literatura especializada revela que los países de la región están abordando esta transición desde diferentes frentes. Esto incluye políticas de responsabilidad extendida del productor, el fomento de la innovación en el diseño de productos, la colaboración intersectorial y las inversiones en tecnologías de reciclaje y reutilización. Asimismo, las estrategias circulares están impactando positivamente en la generación de empleo, la productividad y el comercio sostenible, destacando la importancia de un enfoque holístico que considere tanto las implicaciones ambientales como las socioeconómicas de la implementación.

DESARROLLO TEÓRICO

¿Qué es la economía circular?

El enfoque económico convencional ha seguido un patrón lineal de producción, caracterizado por el consumo de recursos y la producción de residuos, lo que lleva al agotamiento de recursos naturales, especialmente las materias primas esenciales para la fabricación de diversos bienes de consumo. Aunque el reciclaje puede mitigar este agotamiento al recuperar residuos como materia prima secundaria, este proceso resulta costoso. La economía circular surge como una alternativa a este modelo lineal, promoviendo un enfoque económico que busca equilibrar la relación con la naturaleza y asegurar la sustentabilidad económica, social y ecológica de los productos y servicios desde su creación hasta su disposición final (Lasheras *et al.*, 2020).

La economía circular representa una transformación fundamental en la forma en que la sociedad interactúa con la naturaleza, buscando evitar la sobreexplotación de recursos y promover el desarrollo sostenible. Este cambio puede manifestarse a diferentes niveles, desde prácticas empresariales y hábitos de consumo hasta colaboraciones entre actores económicos y políticas a nivel gubernamental. Para alcanzar este modelo circular, se requiere adoptar innovaciones ambientales que sean cíclicas y regenerativas en todos los aspectos de la legislación, producción y consumo de la sociedad (Lasheras *et al.*, 2020).

La economía circular es un paradigma de producción y consumo diseñado para generar impactos positivos en el medio ambiente, la economía y la sociedad a escala mundial. Este modelo se basa en estrategias como la reducción, reutilización, alquiler, reparación, renovación y reciclaje de productos y materiales preexistentes, con el objetivo de añadir valor y prolongar su ciclo de vida tanto como sea posible. En lugar de seguir un modelo lineal de "usar y desechar", la economía circular promueve la idea de cerrar los ciclos de los recursos, transformando productos al final de su vida útil en nuevos recursos útiles, lo que beneficia tanto al entorno industrial como a la reducción de residuos. (Sarmiento *et al.,* 2022).

La economía circular se puede definir como un sistema integral que abarca la producción, intercambio y consumo, con el propósito de mejorar la eficiencia en el uso de recursos a lo largo de todo el ciclo de vida de un producto o servicio. Este enfoque busca reducir la huella ambiental al mismo tiempo que promueve el bienestar de las personas y las comunidades. Dentro de la economía circular se identifican dos aspectos principales. En primer lugar, se busca prevenir o reducir la extracción de recursos naturales de los ecosistemas. En segundo lugar, se persigue optimizar el aprovechamiento de los recursos ya existentes dentro del sistema de producción y consumo. Estos aspectos principales comprenden una serie de estrategias que se integran en el marco de la economía circular. (Vera-Acevedo y Raufflet, 2021).

El enfoque de economía circular promovido por la Fundación Ellen MacArthur se centra en distintos circuitos según los beneficios que ofrecen las acciones (ver Figura1) Donde se destaca que los principales beneficios se hallan en la reutilización, reparación, redistribución, restauración y remanufactura, en lugar de en las actividades de reciclaje y recuperación energética. Esto se debe a las pérdidas que ocurren durante la recolección y el procesamiento, además de la degradación en la calidad de los materiales a lo largo del proceso de reciclaje. De acuerdo con este enfoque, es ideal maximizar el número de veces que los materiales pueden ser reutilizados. Al extender la vida útil de los productos, se reduce el consumo adicional de materiales, energía y la mano de obra necesaria para la producción de nuevos productos (De Miguel *et al.*, 2021)

Figura 1. Modelo de Economía Circular

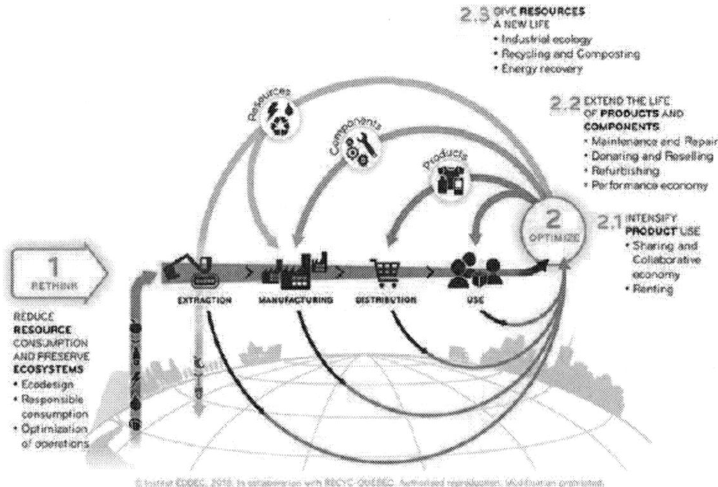

FUENTE: tomado de EDDEC (2018).

Por lo tanto, adoptar la economía circular trae consigo varias consecuencias para las organizaciones y sus procedimientos, abarcando territorios o cadenas de valor. Esto significa poner en práctica una serie de estrategias y modelos comerciales enfocados en cerrar los ciclos de materiales para optimizar su uso y reducir la dependencia de recursos naturales no renovables. (ver tabla 1)

Tabla 1. Estrategias y consecuencias para las organizaciones

Estrategia	Análisis de las consecuencias que tienen para las organizaciones
Ecodiseño	Busca reducir los impactos ambientales de los productos durante todo su ciclo de vida al incorporar aspectos ambientales desde su fase inicial. Esto implica desarrollar productos multifuncionales que necesiten menos recursos y fomenten el uso de materiales ambientalmente amigables, como los renovables, no tóxicos o reciclados. Además, busca extender la duración de los productos mediante características como su durabilidad, capacidad de ser reparados y facilidad para ser actualizados.
Consumo responsable	El establecimiento de criterios de compra renovados enfocados en la eficiente utilización de recursos. Adquisición por parte del consumidor de productos previamente utilizados, pero en condiciones favorables
Optimización de la producción	La reducción en la utilización y consumo de recursos naturales, como el agua, la energía y los metales, a lo largo de la cadena de valor, implica una optimización en la gestión de datos para seguir de cerca nuevas tecnologías en los sistemas, como la fabricación mediante procesos de mecanizado de alta precisión o la fabricación por sustracción de material.
Economía de colaboración —del compartir—	Incluye una diversidad de enfoques y estructuras empresariales diseñados para optimizar la utilización de los bienes y servicios disponibles en el mercado, que van desde proyectos comunitarios hasta plataformas comerciales como Amazon y eBay.
Alquiler	En situaciones de arrendamiento, la administración de productos al final de su vida útil puede no ser tan eficiente como en la economía funcional. En esta última, el fabricante retiene la propiedad de los productos, lo que le permite recuperarlos, repararlos y reacondicionarlos de manera más efectiva. No obstante, los arrendadores también tienen un incentivo para garantizar un mantenimiento y reparación adecuados de los bienes arrendados para maximizar el retorno sobre su inversión.

Mantenimiento y reparación	La responsabilidad del mantenimiento y reparación de productos puede recaer en diversos actores, como el consumidor, organizaciones especializadas (por ejemplo, en la industria del calzado), grupos tanto formales como informales (como talleres de reparación), y también en el distribuidor o fabricante. La finalidad de estas acciones es dar nueva vida a productos dañados, ofreciéndoles una segunda oportunidad.
Donación y reventa	Colocar en el mercado productos que aún están en buen estado, pero ya no son requeridos, ya sea de manera directa o utilizando plataformas digitales
Rehabilitación	Revitalizar un producto o una parte para que luzcan como nuevos, con una garantía comparable a la de un artículo recién adquirido. Por ejemplo, en el ámbito de la tecnología, los teléfonos móviles pueden ser restaurados y vendidos con garantía. En la industria de la moda, prendas de vestir pueden ser reacondicionadas y ofrecidas como artículos nuevos.
Economía de la funcionalidad	Esta aproximación se centra en proporcionar a los consumidores y compradores acceso a la funcionalidad de un producto, en lugar de la posesión del mismo. Se privilegia el acceso y la utilización del servicio por encima de la propiedad del producto, promoviendo de esta manera la comercialización de servicios en lugar de bienes tangibles.
Ecología industrial	Las empresas industriales de una región buscan mejorar la eficiencia en el uso de recursos, tomando como referencia los ciclos presentes en los ecosistemas naturales. Se promueve el intercambio de materiales, energía o recursos entre múltiples empresas, generando sinergias que beneficien a todas las partes involucradas.
Reciclaje y compostaje	Integrar materiales reciclados en un proceso de fabricación para sustituir el uso de materiales nuevos. Promover la creación de circuitos de reciclaje más cortos, dando prioridad a los mercados locales de reciclaje en lugar de los mercados de exportación. Además, se fomenta el enfoque en el reciclaje de productos de alto valor añadido para preservar el valor de los recursos. Por otro lado, el compostaje aprovecha los residuos orgánicos para producir compost, que luego se puede utilizar como fertilizante en la agricultura.

Recuperación de energía	La producción de energía a través de técnicas de tratamiento térmico, tales como la incineración que recupera energía, la combustión en plantas industriales o hornos de cemento, y el empleo de métodos de conversión de biomasa, como la fermentación anaeróbica, ilustra cómo se puede aprovechar la energía contenida en residuos que no se pueden reciclar.

Fuente: elaboración propia a partir de Vera-Acevedo y Raufflet (2021).

La Fundación Ellen MacArthur, pionera en promover la economía circular, define este concepto como un modelo de producción que fomenta negocios sostenibles. En este modelo, los productos son diseñados para tener una vida útil más larga, ser fácilmente reutilizables, desmontables, remanufacturados o reciclados, evitando así la necesidad de extraer nuevos recursos. Esto resulta en una utilización más eficiente de los recursos, aumentando su valor y contribuyendo a la sostenibilidad a largo plazo. La economía circular también se enfoca en el uso de energía renovable, la eliminación de sustancias químicas tóxicas que obstaculizan la reutilización y en el diseño innovador de materiales, productos y sistemas para minimizar los desechos (Fundación Ellen MacArthur, 2021).

El modelo presentado por la Fundación Ellen MacArthur para la economía circular (Figura 2) ilustra la integración de un ciclo biológico natural, en el que los recursos son finitos, con un manejo técnico de los materiales. Este enfoque permite que los materiales sean reintegrados en los procesos productivos.

Figura 2. Diagrama del Sistema de Economía Circular de la Fundación Ellen MacArthur

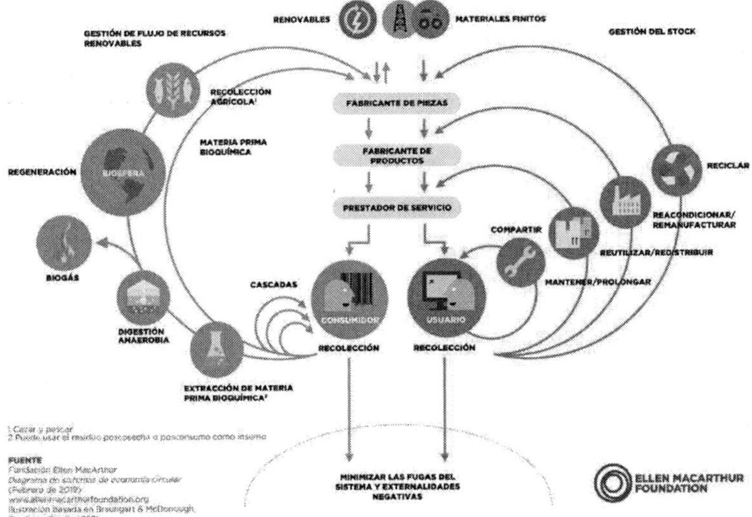

Fuente: Fundación Ellen Mac Arthur 2019

La economía circular se basa en una serie de principios esenciales.

1. En primer lugar, busca conservar y aumentar el capital natural al controlar los recursos finitos y equilibrar los flujos de recursos renovables.
2. En segundo lugar, se enfoca en maximizar el rendimiento de los recursos, asegurando que los productos, componentes y materiales se utilicen al máximo en ciclos tanto técnicos como biológicos.
3. Por último, busca mejorar la eficiencia del sistema social en su conjunto al eliminar las externalidades negativas, es decir, los impactos perjudiciales para la sociedad que no se reflejan en los costos de los bienes, productos o servicios. (Da Costa, 2022)

Sostenibilidad de la economía circular

La Economía Circular surge como un enfoque basado en el principio de sostenibilidad, aplicado a las esferas económicas, sociales y ambientales. Este paradigma promueve el desarrollo sostenible y propone diversas estrategias a lo largo de toda la cadena de producción y consumo de bienes y servicios. (Prieto-Sandoval *et al.*, 2017).

De acuerdo al Informe de los Objetivos de Desarrollo Sostenible (2023) de la Organización de las Naciones Unidas, el Objetivo de Desarrollo Sostenible 12 (ODS 12) se enfoca en garantizar modalidades de consumo y producción sostenibles, y un elemento clave para lograrlo es la implementación de la economía circular. Este modelo económico busca minimizar el desperdicio, aprovechar al máximo los recursos y conservar el medio ambiente. Asimismo, se presentan cuatro claves de la economía circular y algunas recomendaciones para las empresas y los consumidores:

1. Diseño Sostenible: Los productos se diseñan para ser duraderos, reparables y reciclables. Esto permite reducir residuos y reutilizar materiales, evitando la explotación de recursos naturales.
2. Reutilización y Reciclaje: Promover la reutilización, reacondicionamiento y reciclaje para minimizar el uso de materiales nuevos y reducir el impacto ambiental. Los productos vuelven al ciclo productivo en lugar de convertirse en desechos.
3. Uso Eficiente de Recursos: El ciclo de vida completo de los productos se tiene en cuenta para maximizar el valor de los recursos utilizados, incluyendo energía, agua y materias primas.
4. Colaboración: Las alianzas entre gobiernos, empresas y consumidores son fundamentales para cambiar hábitos, establecer normativas y compartir soluciones que impulsen la circularidad.

Cómo las Empresas Pueden Ayudar

- Innovación en Diseño: Crear productos que duren más, sean reparables y que faciliten su reutilización y reciclaje.
- Modelos de Negocio Circulares: Implementar servicios de devolución o reparación que permitan reintegrar productos a la cadena de suministro.

Cómo los Consumidores Pueden Ayudar

1. Reducir Residuos: Evitar el desperdicio de alimentos y minimizar el uso de productos desechables, prefiriendo alternativas reutilizables.
2. Elegir Productos Circulares: Comprar productos locales, sostenibles y que sean fácilmente reciclables o reutilizables.

Por lo tanto, implementar la economía circular es crucial para reducir la demanda sobre los recursos naturales y contribuir a un sistema económico sostenible, capaz de sostener a las generaciones presentes y futuras.

El enfoque de manufactura sostenible subraya nuevas formas de crear productos más eficaces mediante el uso de tecnologías respetuosas con el medio ambiente y técnicas avanzadas de fabricación. (Sandoval, 2017). **Por ello, resulta crucial desarrollar información actual sobre el estado actual de la industria mexicana para comenzar procesos de cambio que mejoren la utilización y reutilización de sus recursos materiales.** (Córdova, 2019).

El principal beneficio de la Economía Circular es que proporciona una vía hacia una reforma completa en el desarrollo sostenible, compatible con el crecimiento económico y que abre nuevas oportunidades comerciales. Por ende, es crucial que las empresas investiguen cuán fácilmente sus productos pueden ser reincorporados en ciclos técnicos o biológicos. (Prieto-Sandoval *et al.*, 2017).

Prácticas de economía circular en América Latina

Es importante destacar que las políticas relacionadas con la economía circular ya forman parte de las agendas gubernamentales tanto en la Unión Europea como en China, y recientemente han empezado a ser adoptadas por países de América Latina y el Caribe. Esta tendencia está ganando terreno en la agenda multilateral y está siendo cada vez más integrada en diversos modelos de negocio. (Mulder & Albaladejo, 2020).

En los últimos años, ha habido un notable interés y respaldo político de alto nivel hacia el modelo de economía circular en América Latina y el Caribe (ALC). Esto se refleja en la presencia de más de 80 iniciativas públicas relacionadas con la economía circular en la región. (Martínez *et al.*, 2019).

Como sucede en otras regiones, los países de América Latina y el Caribe (ALC) enfrentan el reto de redoblar sus esfuerzos para cumplir con las metas de los Objetivos de Desarrollo Sostenible (ODS) establecidos por las Naciones Unidas. La economía circular está en consonancia con estos objetivos, especialmente con el ODS 12, que busca promover patrones de consumo y producción sostenibles (Schröder, Anggraeni y Weber, 2018). Al fomentar el cumplimiento de este objetivo a través de estrategias de economía circular, se generan también oportunidades para progresar en otros ODS vinculados con aspectos ambientales, sociales y económicos. (Nicolai *et al.*, 2016)

Los estudios sobre la implementación de prácticas de economía circular en América Latina subrayan la necesidad de repensar el modelo tradicional de producción y consumo. La Comisión Económica para América Latina y el Caribe (CEPAL) ha señalado que incluir la economía circular en las políticas públicas es clave para una recuperación transformadora tras la pandemia, ya que este modelo apoya el cumplimiento de la Agenda 2030 para el Desarrollo Sostenible.

En un informe, la CEPAL (2021) destaca varios puntos críticos:

1. Gestión de Residuos Sólidos: La región enfrenta desafíos importantes en la gestión de residuos sólidos municipales. Un modelo circular puede transformar este problema en una oportunidad, generando nuevas fuentes de empleo y promoviendo prácticas más sostenibles.
2. Marco Legislativo: El desarrollo de una legislación efectiva es esencial para establecer las bases de la economía circular. Algunos países ya están avanzando en esta dirección, implementando regulaciones que facilitan la reducción, reutilización y reciclaje de materiales.
3. Potencial Económico: Existe un gran potencial económico en los eslabonamientos productivos de los residuos, es decir, en las conexiones y relaciones entre los diferentes actores y etapas de una cadena de valor, que incluyen la gestión, procesamiento y aprovechamiento de los desechos para convertirlos en insumos reutilizables o reciclables. Aprovechar estos recursos puede impulsar el crecimiento de nuevos sectores económicos.
4. Áreas de Política: Para la transición hacia un modelo circular, es necesario fortalecer políticas enfocadas en la gestión de residuos, el fomento de la innovación y la educación pública.

METODOLOGÍA

Para comprender el presente y conocer el futuro de la economía circular, se analizaron las investigaciones sobre este tema, particularmente de América Latina. Para ello, se indagó en las plataformas de Scopus, Scielo, Latindex y Google Académico, en donde se obtuvieron artículos recientes de economía circular y sus efectos en la producción, empleo, comercio y costos de las empresas latinoamericanas.

Técnica e instrumentos

La técnica utilizada es de carácter documental para identificar, recolectar y analizar de investigaciones publicadas en páginas electrónicas. En estos artículos seleccionados se abordan prácticas empresariales y políticas gubernamentales en materia de economía circular, y los resultados en diversos factores económicos, sociales y ambientales.

Procedimiento

El análisis utilizado es de carácter cualitativo, descriptivo y documental, en donde se revisa y describe los principales hallazgos de trabajos publicados. La técnica implementada es histórica-lógica y analítica-sintética, la cual permite una interpretación sencilla y acertada de las ideas de diversos autores elegidos para esta sección. El proceso metodológico fue el siguiente: elección de documentos, exploración del trabajo, clasificación de la información, análisis y comentarios finales.

Discusión de los hallazgos de la investigación

Como ya se mencionó con anterioridad, la economía circular es un sistema económico donde se concientiza la producción y consumo ecológico con el menor daño ambiental. Si bien, el principal beneficio se manifiesta en la sustentabilidad ambiental, la economía circular también podría generar externalidades positivas o negativas en otros aspectos de interés para las empresas y naciones. Como tal, en esta sección se mencionan investigaciones latino americanas donde se exponen los otros efectos de la economía circular.

Para comenzar, se aborda el impacto de la economía circular en la producción, en donde anticipadamente se establece como el modelo de la economía circular permite alcanzar una mayor producción, dado que permite reutilizar materiales evitando detener la producción por la incapacidad de adquirir más insumos escasos (tabla 2). Con base en lo anterior, la implementación de la economía circular en empresas exportadoras de distintos países ha generado crecimiento económico, al utilizar eficientemente sus materias primas (Díaz, Menoscal y González, 2020). Asimismo, en su búsqueda de conseguir un progreso económico sostenible, el gobierno colombiano se ha propuesto ser líder en economía circular al generar un plan económico ambiental capaz de cubrir las necesidades de la población sin perjudicar el equilibrio ecológico (Valencia y Marulanda, 2024).

Tabla 2. Efectos de la economía circular en la producción

Autores	Lugar	Conjetura/Resultado
Aldas et al. (2023)	Ecuador	El gasto en protección medio ambiental no afecta la producción de las industrias
Díaz, Menoscal y González (2020)	Varios países	Las empresas exportadoras con economía circular han generado mayor producción
Ochoa, Suárez y Sierra (2022)	Colombia	En el corto plazo, las prácticas ambientales no aumentan la producción
Valencia y Marulanda (2024)	Colombia	La economía circular podría lograr crecimiento económico sostenible

Fuente: elaboración propia.

En contraste con lo anterior, las acciones ecológicas de los gobiernos no garantizan una mayor productividad en la industria, Aldas et al. (2023) examina los efectos de las estrategias ecológicas públicas en la industria manufacturera, en su estudio expone cómo el gasto de protección ambiental del gobierno de Ecuador no ha influido en la producción, por lo tanto, los esfuerzos del Estado no incrementan la producción, aunque tampoco la han disminuido. Otro elemento a considerar en la producción es la implementación del modelo, el tiempo de implementación de una economía circular puede ser extenso, por lo cual no se reflejarán de manera inmediata sus beneficios, y en consecuencia la producción se estancará durante ese período. Como tal, las acciones verdes no garantizan un incremento en la producción en el corto plazo, debido a la falta de coordinación de los agentes económicos al momento de transitar de un modelo lineal a uno circular (Ochoa, Suárez y Sierra, 2022).

El empleo es un elemento relevante en la estabilidad económica de los países, por lo que es importante conocer cuáles son los efectos de la economía circular sobre este factor social. De antemano, se supone un aumento del empleo dentro de una nación con economía circular, ya que aquellos países deberán generar proyectos ecológicos, esta ambición verde habilitaría nuevos mercados donde se requerirá trabajadores, ocasionado una reducción de la tasa de paro (tabla 3). En este sentido, la economía circular es una herramienta clave para generar empleo, Aristizábal y Rodríguez (2020) sugieren al Estado colombiano generar plazas de recicladores que trabajen directamente con los hogares o empresas, y capacitar nuevos empleados a través de un programa de competencias laborales en empleos verdes, esto no solo disminuirá el desempleo, sino también pobreza. Por ello, se recomienda al gobierno ser impulsor de las prácticas verdes, por lo que se requiere incentivar la innovación en la fabricación y el consumo responsable, el desarrollo de novedosas actividades ambientales impacta tanto en la productividad como el empleo (Almeida y Díaz, 2020).

Un modelo circular requiere actividades de tratamiento de residuos, reciclaje de materias, remanufactura y reutilización de productos, estas prácticas requerirán de personal calificado, por lo que necesitará ampliar la oferta educativa al fin de mantener un flujo de personas competentes (Hernández y Arenas, 2024). No solamente el gobierno podría generar trabajos, el sector privado interesado en ofrecer servicios ecológicos tendría la virtud de generar nuevos empleos, y contribuir al aumento de empleo formal en la región, absorbiendo oferta laboral al interior de la nación como en el exterior (Kern, Schwartz y Marchant, 2022). Ya sea el gobierno o empresas, las prácticas ambientales requerirán de personal, esto eventualmente concluirá con altos rendimientos económicos en la sociedad.

Tabla 3. Efectos de la economía circular en el empleo

Autores	Lugar	Conjetura/Resultado
Almeida y Díaz (2020)	Ecuador	Fomentar las actividades ecológicas para generar más empleos
Aristizábal y Rodríguez (2020)	Colombia	El gobierno debe crear puesto de trabajos verdes para combatir la pobreza
Hernández y Arenas (2024)	México	La población se emplea en trabajos generados por la economía circular
Kern, Schwartz y Marchant (2022)	Chile	Los emprendimientos ecológicos absorben trabajadores nacionales e inmigrantes

Fuente: elaboración propia.

En la tabla 4, se abordan las consecuencias de la economía circular sobre el comercio. Inicialmente, se supone un mayor flujo comercial derivado de las prácticas ambientalistas, en donde la economía circular disminuye la huella ecológica ocasionada por el transporte y envío de mercancías. Pero no solamente eso, pues la economía circular además aumenta del comercio de productos usados y remanufacturados al fin de satisfacer la demanda de consumo sin deteriorar el medio ambiente, también incrementa el comercio de residuos, desperdicios y materias primas secundarias, las cuales sustituyen a las materias primas vírgenes (González, Ortiz y Landaburú, 2022). En este sentido, las empresas y negocios necesitan diseñar cadenas de suministros sustentables, en donde se trabaje bajo un enfoque ambiental desde la proveeduría de materias primas hasta las actividades posteriores al consumo, asimismo las nuevas pequeñas y medianas empresas deben estar preparadas para ser integradas en cadenas de suministros sostenibles, y tener una visión ecologista como modelo de negocios (Mejía y Ayala, 2023). Todo lo anterior requiere de acuerdos y tratados multinacionales debido a la globalización comercial, sin embargo, los gobiernos han desarrollado políticas de transición de un comercio lineal a uno circular, pero sin obtener los resultados deseados. Massa, Albertoni y Cáceres (2022) mencionan el caso de impuestos ambientales, en donde estos cargos impositivos por contaminar, extraer recursos naturales y hacer uso excesivo de energía han deteriorado las actividades comerciales y económicas. Por ende, los líderes políticos deben desarrollar estrategias incentivadoras y evitar cualquier acción que atente con el comercio.

Tabla 4. Efectos de la economía circular en el comercio

Autores	Lugar	Conjetura/Resultado
González, Ortiz y Landaburú (2022)	Latino América	La economía circular aumenta la remanufacturación de bienes usados, de residuos y el comercio de servicios
Massa, Albertoni y Cáceres (2022)	Varios países	Los impuestos verdes perjudican el flujo comercial
Mejía y Ayala (2023)	Varios países	La integración de las PYMES en cadenas de suministros sostenibles

Fuente: elaboración propia.

Las actividades de la economía circular, además de proporcionar múltiples beneficios a la sociedad, también afectaría a las empresas (tabla 5). No obstante, muchos negocios desconocen el concepto de economía circular y más aún ignoran sus ventajas, aquellas que ponen en práctica sus fundamentos consiguen grandes resultados, como el caso de Alpina en Colombia, quien ha logrado reducir sus costos por aprovechar sus residuos (Montaño, 2018). Así también, la economía circular permite la operatividad adecuada de empresas en sectores altamente contaminantes, sin ocasionar daño ambiental. Zamora e Hinojosa (2019) sugieren introducir el modelo de economía circular en las minas de explotación en Bolivia, dado que la implementación del modelo evitará los cierres de las actividades mineras por incumplimiento de normas ambientalistas, y al mismo tiempo generar un ahorro de agua y energía al momento de extraer plomo, plata y zinc. Similarmente, Valenzuela, Espinoza y Alfaro (2019) desarrollan un modelo de economía circular aplicando la logística inversa para una empresa chilena de estanques de plástico para almacenar combustible, la logística inversa consiste en involucrarse en la recuperación de producto utilizado y desechado para reciclar y reusar, este modelo desarrollado permite minimizar el costo y maximizar las utilidades. En contraste, la implementación de la economía circular en las actividades empresariales no es para nada sencilla. En Ecuador, los negocios con economía circular han manifestado severas dificultades, entre las cuales se destaca: la falta de apoyo de las autoridades, la necesidad de cooperación de sus clientes y proveedores con la empresa, y operar con una estructura renuente al cambio (Garabiza, Prudente y Quinde, 2021).

Tabla 5. Efectos de la economía circular en las empresas

Autores	Lugar	Conjetura/Resultado
Garabiza, Prudente y Quinde (2021)	Empresas ecuatorianas	Las empresas han presentado dificultades para implementar la economía circular
Montaño (2018)	Empresa colombiana	La utilización de residuos ha disminuido costos
Valenzuela, Espinoza y Alfaro (2019)	Empresa chilena	El modelo de logística inversa para optimizar utilidades
Zamora e Hinojosa (2019)	Mineras bolivianas	La economía circular evita el costo por cierre ambiental de las minerías

Fuente: elaboración propia.

Prácticas de Economía Circular

En América Latina, existen empresas que están progresando en la implementación de prácticas ecoeficientes y en la adopción de modelos de economía circular en sus procesos. Sin embargo, en comparación con la Unión Europea y China, la región tiene un nivel de desarrollo normativo significativamente inferior en materia de economía circular. Por lo tanto, ampliar la economía circular requiere la colaboración de todos los participantes, mejorando la información disponible y adoptando una perspectiva holística que implique cambios en las políticas públicas relacionadas con la gestión, la inversión y el financiamiento en todos los productos a lo largo de su ciclo de vida. En la tabla 6 se presentan las principales prácticas propuestas.

Tabla 6. Principales prácticas propuestas en América Latina

País	Principales prácticas propuestas	Autor
Colombia	Programas que fomenten la responsabilidad extendida del productor, involucrando a los fabricantes e importadores de bienes y servicios en la gestión completa de los residuos generados por sus productos una vez que estos son desechados por el consumidor final.	Castillo (2018)
Chile	Se impulsa la responsabilidad extendida del productor, que se compromete a organizar y financiar la gestión de los residuos producidos por sus procesos, hasta el final de la vida útil de sus productos.	Suazo (2017)
Ecuador	Las recicladoras de base suministran materia prima a la industria local, al recuperar más del 50% del material reciclado, prolongando así la vida útil de los lugares destinados a la disposición final de los desechos.	Arroyo (2018)
Argentina	El Ministerio de Ambiente y Desarrollo Sostenible fomenta la gestión integral de residuos al invitar a los sectores relacionados con las corrientes de desechos a crear subgrupos de trabajo. Estos tienen como objetivo hallar mecanismos que promuevan el aprovechamiento de los residuos como insumos para la industria o como productos listos para su uso.	Van Hoof, Bart (2022)
Perù	Se han desarrollado líneas de acción centradas en minimizar y valorizar los residuos sólidos, así como en actividades de sensibilización, difusión y educación ambiental. Estas iniciativas buscan impulsar la economía circular a través de la recuperación y el uso de materiales reciclados como recursos.	Jiménez (2022)

México	Los modelos de negocio revisados revelan una tendencia enfocada en el uso eficiente de materiales, desarrollando subproductos de desechos industriales, reduciendo la extracción de recursos para disminuir emisiones y conservando recursos mediante la vinculación de las operaciones con sistemas de energía renovable.	Van Hoof, Bart (2022)

Fuente: Elaboración propia

CONCLUSIONES

La adopción de la economía circular en América Latina ofrece una gran promesa para impulsar la sostenibilidad ambiental, social y económica de la región, pero también enfrenta obstáculos significativos. Los hallazgos revelan que, aunque hay iniciativas notables que ya están mostrando resultados positivos en la creación de empleos verdes, la reducción de residuos y la diversificación económica, se requieren esfuerzos concertados para abordar las barreras normativas, de infraestructura y de comportamiento que obstaculizan una adopción más amplia.

Es crucial que los gobiernos trabajen en el desarrollo de marcos regulatorios claros que incentiven la adopción de modelos circulares, mientras promueven la educación y sensibilización del público sobre el consumo responsable. Al mismo tiempo, las empresas deben comprometerse con el rediseño de productos que faciliten su reciclaje o reutilización, alineando sus modelos de negocio con las expectativas de sostenibilidad. Las inversiones en infraestructura de gestión de residuos y en tecnología también serán vitales para garantizar una transición eficaz.

La economía circular no solo debe ser vista como una solución técnica o ambiental, sino como un cambio de paradigma que redefine el valor económico y su relación con la naturaleza. Esto requerirá la colaboración de todos los actores involucrados: gobiernos, empresas, sociedad civil y organismos internacionales. Solo así se podrá avanzar hacia una economía más resiliente, justa y sostenible para las generaciones presentes y futuras.

En conclusión, el camino hacia una economía circular en América Latina está trazado, pero requiere un compromiso sostenido y acciones concretas para superar los desafíos presentes y alcanzar un desarrollo verdaderamente sostenible.

REFLEXIONES

La revisión de la economía circular en América Latina nos lleva a una serie de reflexiones sobre su potencial para transformar el modelo productivo de la región, así como los desafíos inherentes a su implementación. La literatura revela que, aunque existen esfuerzos y avances importantes, la transición hacia una economía circular requiere una estrategia comprehensiva que abarque múltiples frentes, incluyendo políticas públicas, innovación, desarrollo de infraestructura, y cambios culturales.

Los hallazgos indican que la economía circular está ganando popularidad, debido a la implementación exitosa de acciones y prácticas a nivel global y nacional en las empresas. Las iniciativas adoptadas por diversos países se enfocan en fomentar la concienciación entre los empresarios respecto a su responsabilidad en la gestión de residuos derivados de sus productos. Además, se están promoviendo capacitaciones, normativas y guías de apoyo para mejorar la eficacia en la gestión ambiental.

Una reflexión clave es que la economía circular no debe ser entendida simplemente como un proceso técnico para reducir residuos, sino como una propuesta holística que abarca la optimización de recursos, la generación de empleos verdes, y la creación de un ecosistema industrial más resiliente y justo. Esto demanda un rediseño fundamental de los modelos de negocio, con un enfoque en el diseño de productos más duraderos, la recuperación de materiales y el fomento de la economía colaborativa.

Es evidente que las políticas públicas juegan un papel esencial en el avance de esta transición. La responsabilidad extendida del productor es un enfoque que ya ha demostrado su eficacia en ciertos sectores, incentivando a las empresas a gestionar el ciclo de vida completo de sus productos. Sin embargo, también se necesita mejorar la infraestructura para la recolección, reciclaje y compostaje de residuos, en colaboración con los sectores públicos y privados. Además, los gobiernos deben promover incentivos fiscales y financiamiento para las empresas que adopten modelos circulares.

Otra reflexión importante es la necesidad de fomentar la educación y sensibilización en torno a la economía circular. Esto incluye la capacitación de trabajadores para las nuevas oportunidades que emergerán, así como la concientización de los consumidores sobre la importancia de prácticas como la reutilización y el consumo responsable. Al hacerlo, se creará una cultura que valore la sostenibilidad, permitiendo que el cambio sistémico sea más efectivo y duradero.

Por último, la colaboración entre las diferentes partes interesadas es fundamental para crear sinergias y superar obstáculos comunes. La cooperación entre empresas, gobiernos, academia y sociedad civil puede acelerar el intercambio de buenas prácticas y el desarrollo de soluciones conjuntas que aborden los desafíos específicos de la región.

En resumen, la transición hacia la economía circular en América Latina demanda un enfoque sistémico que involucre a todos los sectores. Las recomendaciones basadas en la literatura subrayan la necesidad de políticas públicas sólidas, innovación empresarial, inversión en infraestructura y un cambio de mentalidad hacia la sostenibilidad. La economía circular no solo reducirá los impactos ambientales, sino que también ofrecerá un modelo más resiliente y equitativo para el crecimiento de la región en el largo plazo.

REFERENCIAS BIBLIOGRÁFICAS

Aldas, D., Barrera, H., Luzuriaga, H., & Abril, J. (2023). Crecimiento económico y la gestión ambiental en las industrias de manufactura del Ecuador. Estrategias hacia un modelo de economía circular. Revista Gobierno y Gestión Pública, X (1), 85-98. https://portalrevistas.aulavirtualusmp.pe/index.php/RevistaGobiernoyG/issue/view/356

Almeida, M., & Díaz, C. (2020). Economía circular, una estrategia para el desarrollo sostenible: Avances en Ecuador. Estudios de la Gestión: *Revista Internacional De Administración,* (8), 34–56. https://doi.org/10.32719/25506641.2020.8.10

Aristizábal, K., & Rodríguez, O. (2022). La economía circular como estrategia de inclusión laboral de los recicladores al mercado laboral en Colombia: un reto de la crisis por el covid-19. Relaciones humanas, Comunicación y Normativa durante la Pandemia, editor Rodrigo Noguera, Universidad Sergio Arboleda, 234-261. https://dialnet.unirioja.es/servlet/articulo?codigo=9024028

Arroyo, R. (2018). La economía circular como factor de desarrollo sustentable del sector productivo. *INNOVA Research Journal,* 3(12), 78-98. http://revistas.uide.edu.ec/index.php/innova/index

Castillo, P. (2018). *Diseño metodológico para indagar el estado actual de la economía circular en Colombia.* [tesis de maestría, Pontificia Universidad Javeriana] Repositorio Institucional Pontificia Universidad. http://hdl.handle.net/10554/41653

Córdova, M. (2019). La economía circular en la industria electrónica en México: mapeo del flujo de materiales en teléfonos celulares. [tesis de doctorado, Instituto Tecnológico y de Estudios Superiores de Monterrey] Repositorio Institucional del Tecnológico de Monterrey (RITEC). https://repositorio.tec.mx/handle/11285/633054

Da Costa Pimenta, C. C., (2022). La Economía Circular como eje de desarrollo de los países latinoamericanos. Revista Economía y Política, (35), 1-18. http://scielo.senescyt.gob.ec/scielo.php?script=sci_arttext&pid=S2477-90752022000100001&lng=es&tlng=es.

De Miguel, C., Martínez, K., Pereira, M. y Kohout, M. (2021). Economía circular en América Latina y el Caribe: oportunidad para una recuperación transformadora, Documentos de Proyectos (LC/TS.2021/120), Santiago, Comisión Económica para América Latina y el Caribe (CEPAL). https://repositorio.cepal.org/server/api/core/bitstreams/5fceda72-3fed-4ace-bb87-5688547cf2f5/content

Díaz, N., Menoscal, R., & González, M. (2020). Economía circular: desafíos para una visión estratégica de las empresas exportadoras. Revista Compendium: Cuadernos de Economía y Administración, 7(3), 120-135. http://www.revistas.espol.edu.ec/index.php/compendium/article/view/865/793

Fundación Ellen MacArthur (2019) Diagrama de sistemas de economía circular https://emf.thirdlight.com/link/bxqwo5kx53lq-2syjxg/@/preview/1?o

Fundación Ellen MacArthur (2021) Objetivos Universales de Políticas para la Economía Circular https://archive.ellenmacarthurfoundation.org/assets/downloads/ES-Objetivos-universales-de-poli%CC%81ticas-para-la-economi%CC%81a-circular.pdf

Institut de l'Environnement, Développpement Durable, et Économie

Circulaire (EDDEC). (2018). Stratégies de circularité https://www.quebeccirculaire.org/static/strategies-de-circularite.html

Garabiza, B., Prudente, E., & Quinde, K. (2021). La aplicación del modelo de economía circular en Ecuador: Estudio de caso. Revista Espacios, 42(2), 222-237. https://www.revistaespacios.com/a21v42n02/a21v42n02p17.pdf

González, F., Ortiz, G., & Landaburú, J. (2022). Economía circular y comercio internacional. Revista Científica de Investigación Actualización del Mundo de las Ciencias, *RECIAMUC*, 6(3), 646-655. https://doi.org/10.26820/reciamuc/6.(3).julio.2022.646-655 https://reciamuc.com/index.php/RECIAMUC/article/view/947/1369

Hernández, H., & Arenas, A. (2024). Desafíos de la economía circular en la zona oriente del estado de México. Revista de Ciencia Latina Revista Científica Multidisciplinar, 8(1), 11962-11978. https://ciencialatina.org/index.php/cienciala/article/view/10589/15591

Jiménez Villavicencio, G. R. (2022). Análisis y perspectivas de la gestión integral de residuos sólidos hacia la economía circular en el contexto peruano. *Innova Biology Sciences*, *2*(1), 94–106. https://doi.org/10.58720/ibs.v2i1.38

Kern, W., Schwartz, M., & Marchant, R. (2022). Reducción de externalidades negativas por aprovechamiento de residuos en el desarrollo de productos: economía circular en la industria olivícola chilena. *Scientia Agropecuaria*, 13(1), 15-23. https://dx.doi.org/10.17268/sci.agropecu.2022.002

Lasheras, R. A., García, C.J., Perfecto, C.L. & Goenaga, M.O. (2020). *Guía práctica para implementar la economía circular en las pymes.* España: Edita: AENOR Internacional, S.A.U. https://media.timtul.com/media/web_aespackaging/guia%20practica%20Ec.Circular%20Pymes.%20AENOR_20201105140953_20201209085515.pdf

Martínez, L., Henríquez, A. & Freire, N. (2019). Economía circular y políticas públicas: Estado del arte y desafíos para la construcción de un marco político de promoción de economía circular en América Latina. Lima: KonradAdenauer-Stiftung e.V. (KAS), disponible en https://www.kas.de/energie-klima-lateinamerika/

Massa, C., Albertoni, N., & Cáceres, J. (2022). Una revisión de los debates actuales vinculados al comercio internacional y sostenibilidad ambiental. *Latin American Journal of Trade Policy*, 14, 7-25. https://dialnet.unirioja.es/servlet/articulo?codigo=8740186

Mejía, I., & Ayala, S. (2023). Revisión de literatura sobre gestión de cadenas de suministros sostenibles e innovaciones disruptivas en Pymes. *Revista Universidad & Empresas*, 25(44), 1-35. https://doi.org/10.12804/revistas.urosario.edu.co/empresa/a.12734

Montaño, A. (2018). Economía circular, un modelo de transformación. *Revista Tecnológica, Ciencia y Educación Edwards* Deming, 2(1), 22-36. https://doi.org/10.37957/ed.v2i1.7 https://revista-edwardsdeming.com/index.php/es/article/view/7/13

Mulder, N., & Albaladejo, M. (coords.) (2020). El comercio internacional y la economía circular en América Latina y el Caribe. Serie Comercio Internacional, N° 159 (LC/TS.2020/174), Santiago, Comisión Económica para América Latina y el Caribe (CEPAL). https://repositorio.cepal.org/bitstream/handle/11362/46618/1/S2000783_es.pdf

Naciones Unidas. (2023). *Informe de los Objetivos de Desarrollo Sostenible.* https://unstats.un.org/sdgs/report/2023/The-Sustainable-Development-Goals-Report-2023_Spanish.pdf

Nicolai, S., Bhatkal, T., Hoy, C. y Aedy, T. (2016), Projecting progress: the SDGs in Latin América and the Caribbean, Londres: Instituto de Desarrollo de Ultramar, https://www.odi.org/sites/odi.org.uk/files/resource-documents/10645.pdf

Ochoa, E., Suárez, A., & Sierra, B. (2022). Desafío y oportunidades de la economía circular en la industria alimenticia: Evolución teórica hacía la sostenibilidad. *Mundo Fesc,* 12(3), 43-61. https://www.fesc.edu.co/Revistas/OJS/index.php/mundofesc/article/view/1298

Prieto-Sandoval, V., Jaca, C., & Ormazabal, M. (2017). Economía circular: Relación con la evolución del concepto de sostenibilidad y estrategias para su implementación. Memoria Investigaciones en Ingeniería, (15), (85-95). https://revistas.um.edu.uy/index.php/ingenieria/article/view/308/366

Sandoval, E. (2017). La Economía Circular, una propuesta para la construcción del Desarrollo Sostenible. Revista Universitaria Digital de Ciencias Sociales, 8 (15), 58-65. http://virtual.cuautitlan.unam.mx/rudics/wp-content/uploads/2017/08/RUDICSv8n15p58_65.pdf

Sarmiento Paredes, S., Carro Suárez, J., & Nava, D. (2022). La transición a una economía circular como una ventaja competitiva en la Pyme de la manufactura textil en Tlaxcala, México. Acta Universitaria, 32, https://doi.org/10.15174/au.2022.3492

Schröder, P., Anggraeni, K. y Weber, U. (2018), 'The Relevance of Circular Economy Practices to the Sustainable Development Goals', Journal of Industrial Ecology, doi:10.1111/jiec.12732 https://www.researchgate.net/profile/Patrick-Schroeder-9/publication/344220320_The_Relevance_of_Circular_Economy_Practices_to_the_Sustainable_Development_Goals/links/5f85b316458515b7cf7c9143/The-Relevance-of-Circular-Economy-Practices-to-the-Sustainable-Development-Goals.pdf?origin=journalDetail&_tp=eyJwYWdlIjoiam91cm5hbERldGFpbCJ9

Suazo, B. (2017). Economía Circular en Chile: Alcances, problemas y desafíos en la gestión de la ley REP. [Seminario al título de Ingeniero Comercial, Mención Administración. Universidad de Chile, Escuela de Economía y Administración]. Repositorio. http://repositorio.uchile.cl/handle/2250/146815

Valencia, S., & Marulanda, C. (2024). Economía circular: revisión y estudio bibliométrico. *Revista Estudiantes de Administración de Empresas,* 13, 65-97. https://revistas.unal.edu.co/index.php/ensayos/article/view/113805

Valenzuela, J., Espinoza, A., & Alfaro, M. (2019). Diseño de la cadena logística inversa para modelo de negocio de economía circular. Revista Ingeniería Industrial, XL(3), 306-315. https://dialnet.unirioja.es/servlet/articulo?codigo=7124683

Van Hoof, Bart, Núñez Reyes, Georgina, De Miguel, Carlos J. (2022) Metodología para la evaluación de avances en la economía circular en los sectores productivos de América Latina y el Caribe. https://hdl.handle.net/11362/47975

Vera-Acevedo, Luz Dinora y Raufflet, Emmanuel. (2021). Análisis de la

Estrategia Nacional de Economía Circular de Colombia a partir de dos modelos. Estudios Políticos (Universidad de Antioquia), 64, pp. 27-52. https://doi.org/10.17533/udea.espo.n64a02

Zamora, G., & Hinojosa, O. (2019). Economía circular en minería – Caso de estudio: producción minera de concentrados de Pb-Ag-Zn en Bolivia. *Revista de Medio Ambiente Minero y Minería,* 4(1), 3-17. http://www.scielo.org.bo/scielo.php?script=sci_arttext&pid=S2519-53522019000100001&lng=es&tlng=es.

Capitulo 7

Las relaciones de dependencia entre China y América Latina ¿hacia un desarrollo sostenible?

RENÉ ANDREI GUERRERO VÁZQUEZ[1]
CAROLINA ZAYAS MÁRQUEZ[2]
JORGE ALFONSO GALVÁN LEÓN[3]
LUIS ALFREDO ÁVILA LÓPEZ[4]

---

1 Dr. En Ciencias Administrativas, profesor de tiempo completo de la Facultad de Contaduría y Administración, Universidad Autónoma de Baja California, email: rene.guerrero8@uabc.edu.mx, ORCID: https://orcid.org/0000-0002-0440-2862

2 Dra. En Estudios del Desarrollo Global, profesora de tiempo completo de la Facultad de Contaduría y Administración, Universidad Autónoma de Baja California, email: carolina.zayas@uabc.edu.mx, ORCID: https://orcid.org/0000-0001-9572-3444

3 Dr. En Estudios del Desarrollo Global, profesor de tiempo completo de la Facultad de Contaduría y Administración, Universidad Autónoma de Baja California, email: jgalvan@uabc.edu.mx, ORCID: https://orcid.org/0000-0003-4264-3058

4 Dr. En Estudios del Desarrollo Global, profesor de tiempo completo de la Facultad de Contaduría y Administración, Universidad Autónoma de Baja California, email: avila.luis@uabc.edu.mx, ORCID: https://orcid.org/0000-0002-5391-2551

RESUMEN: El capítulo analiza las relaciones medio ambientales entre China y América Latina (AL) en las últimas décadas, identificando tres componentes: a) el interés de la nación asiática por los recursos naturales de la región; b) los acuerdos internacionales en materia de medio ambiente en los cuales ambas partes se han comprometido; y c) los diálogos y cooperación que la potencia oriental mantiene con AL en materia de cuidado medio ambiental. El método consiste en un análisis descriptivo con enfoque mixto, acerca de las condiciones que imperan en la relación medio ambiental sino-latinoamericana. Los resultados sugieren que China, en el ámbito político, busca apegarse a agendas globales de gran importancia para el futuro del medio ambiente (ODS, Agenda 2030, entre otros), así como subregionales con diversos países de AL. Sin embargo, en la práctica se ha convertido en el Estado con más emisiones de CO2, así como en uno de los más grandes importadores de recursos naturales para la región; siendo superado en el cumplimiento de los ODS por diversos países latinoamericanos.

PALABRAS CLAVE: Recursos Naturales, Medio ambiente, China, América Latina, dependencia económica.

ABSTRACT: The chapter analyzes the environmental relations between China and Latin America (LA) in recent decades, identifying three components: a) the interest of the Asian nation in the natural resources of the region; b) international agreements on the environment to which both parties have agreed; and c) the dialogues and cooperation that the eastern power maintains with LA in matters of environmental care. The method consists of a descriptive analysis with a mixed approach, about the conditions that prevail in the Sino-Latin American environmental relationship. The results suggest that China, in the political sphere, seeks to adhere to global agendas of great importance for the future of the environment (SDG, Agenda 2030, among others), as well as subregional agendas with various LA countries. However, in practice it has become the State with the highest CO2 emissions, as well as one of the largest importers of natural resources for the region; being surpassed in compliance with the SDGs by various Latin American countries.

KEYWORDS: Natural Resources, Environment, China, Latin America, economic dependence.

INTRODUCCIÓN

De acuerdo con la organización internacional Global Footprint Network (2019), el pasado 29 de julio de 2019 el planeta ya había consumido los recursos naturales suficientes que podrían renovarse en ese mismo año, por lo que seguir explotándolos significaba vivir a crédito (al menos durante ese año). Como todos sabemos, esto no es algo nuevo, ya que actualmente muchos de estos insumos están en riesgo de desaparecer y su explotación ha generado fuertes impactos ambientales.

Desde que el primer barril de petróleo fue extraído en 1859 en Pensilvania, Estados Unidos (Page y García, 2017), su demanda no ha dejado de crecer, convirtiéndose incluso en un referente de desarrollo económico. Sin embargo, el estudio de Bravo (2007) señala que los impactos de su explotación han sido prominentes y se ramifican en una amplia gama de aéreas que afectan los suelos, el agua, el aire y la biota del planeta. A partir de su exploración, se realizan desmontes y perforaciones marinas que perturban los ecosistemas, desplazando especies animales y produciendo riesgos de contaminación por accidentes. Posteriormente, la construcción de infraestructura para extraerlo genera cambios de uso de suelo; el establecimiento de nuevos asentamientos; la apertura de nuevas vías de acceso; acumulación de residuos industriales (y humanos); probables fugas y explosiones; exceso de uso de agua, etc. Asimismo, la refinación del petróleo que China extrae de Venezuela, Brasil, y otros países de AL, genera emanaciones atmosféricas y contaminación térmica, entre otros impactos. En cuanto a su distribución, implica realizar excavaciones y construir oleoductos que provocan deforestaciones. Finalmente, el consumo de petróleo ha producido toneladas de plásticos y micro plásticos que con frecuencia invaden los mares y océanos, al igual que emisiones contaminantes producidas por los combustibles vehiculares como dióxido de carbono, óxidos de nitrógeno y plomo, por mencionar los principales.

Por otra parte, la extracción de minerales metálicos, a nivel atmósfera, genera emisiones sólidas que obstaculizan a la vegetación aspirar dióxido de carbono, al igual que emisiones de gases (dióxido y monóxido de carbono), compuestos sulfurados y aerosoles tóxicos como el cianuro, etc. En cuanto a los daños al suelo, su extracción provoca desertización; erosión; desestabilización de laderas; detrimento de suelo fértil; pérdida de propiedades físicas esenciales para la tierra; alteraciones freáticas; contaminación por metales pesados y adición de sulfatos al suelo. Por último, en términos de impacto al agua, la minería es fuente de alteraciones a la dinámica fluvial; contaminación por partículas sólidas; reducción de masas de agua y glaciares; variaciones en el PH del agua y, de igual forma, contaminación por metales pesados y metaloides, entre otros (Lillo, 2015), lo cual afecta particularmente a países de América Latina como Venezuela, quien tiene una alta participación en la extracción minera y petrolera con China (Piña, 2019).

A lo anterior, hay que agregar el constante aumento demográfico mundial con el consecuente consumo indiscriminado de los recursos mencionados y de otros aún más básicos como el agua, la madera, y muchos más cuyo agotamiento se encuentra invariablemente vinculado a actividades antropogénicas (pesca, agricultura, urbanización, industrialización, etc.). Además, no hay que olvidar el incansable afán de los inversionistas privados y de los gobiernos que, persiguiendo el crecimiento económico, establecen políticas y acuerdos que a menudo carecen de una planeación sustentable. Desde luego, todo este conjunto ha desatado la desaparición de especies, calentamiento global, fenómenos climáticos extremos, sequías, hambrunas, conflictos, guerras y muerte.

A la luz de estos hechos, uno de los desafíos más apremiantes para los países de AL, es desarrollar energías limpias e implementar programas, políticas e instrumentos amigables con el medio ambiente en las relaciones con China, así como fomentar una explotación de recursos sustentable.

En este contexto, los países industrializados con mayor crecimiento económico como China, tienen la responsabilidad no solo de implementar estas medidas, sino de contribuir a que las naciones y regiones de tercer mundo puedan hacerlo también. Paralelamente, hay que considerar diversos sucesos actuales. Desde 2017, por ejemplo, como demuestra la Gráfica 1, las emisiones de China han superado al doble a las emisiones de Estados Unidos (Trápaga, 2020), quien llegó a ser clasificado en 2016 como el país que más contaminación producía por consumir petróleo (Solís, 2016). De igual forma, en su búsqueda de crecimiento económico y por satisfacer sus demandas energéticas, se ha distinguido por importar recursos de la región en general.

Gráfica 1. China y Estados Unidos: emisiones de CO2 en kilotoneladas (1990-2019)

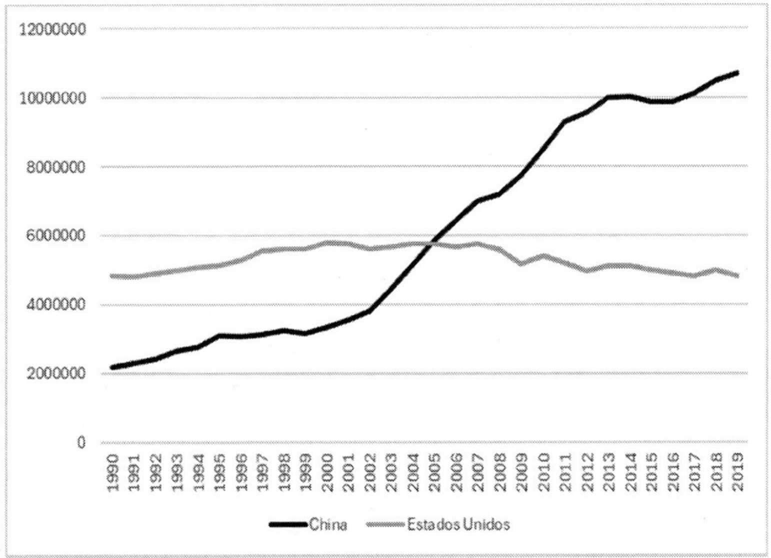

Fuente: elaboración propia, con información del Banco Mundial (2023)

Sin lugar a dudas, de continuar con este ritmo de consumo de recursos naturales por parte de China, la velocidad a la que el planeta se verá afectado directamente aumentará, dando como resultado un incremento en la temperatura de muchas regiones y de los mares del mundo a través del calentamiento global, así como un desface en las estaciones climáticas y variaciones importantes en las condiciones climatológicas en diversas regiones debido al cambio climático, lo que acelerará el deterioro de la calidad de vida entre millones de personas.

Por tal motivo, resulta indispensable acompañar las relaciones sino-latinoamericanas con programas eficientes y recursos financieros que ayuden a contrarrestar los efectos negativos de dicha interacción económica. Planes estratégicos a largo plazo como la iniciativa Franja y Ruta (IFR; también llamada "la nueva ruta de la seda") en todas sus modalidades, promovido por China, deberá ser acompañado por estrategias y millones de yuanes que de manera simultánea ayuden a evitar el deterioro medio ambiental y mejorar la mala imagen que tanto China como los países de AL tienen respecto combatir el cambio climático y el calentamiento global.

EL ENFOQUE CENTRO-PERIFERIA Y LAS NUEVAS RELACIONES DE DEPENDENCIA ENTRE CHINA Y AMÉRICA LATINA

La *Teoría sobre la dependencia* incorporó en la perspectiva *centro-periferia* que el proceso de industrialización actual en AL depende, tanto financiera como tecnológicamente, de potencias económicas centrales ubicadas en la región (como Estados Unidos). Sin embargo, la percepción de que China representa un nuevo eslabón de dependencia, se vincula con un nuevo tipo de interacciones entre el centro y la periferia (Rocha y Bielschowsky, 2018).

El enfoque teórico *centro-periferia* tiene sus orígenes en la Comisión Económica para América Latina y el Caribe (CEPAL) y se fundamenta en la revisión de los efectos de la evolución de las economías "centrales" de los países de América, como Estados Unidos (y Canadá, en menor grado) y el descubrimiento de una tendencia desfavorable en el mediano y largo plazo, que discurre a la par del lento progreso tecnológico y de los términos de intercambio (Prebish, 1949; CEPAL, 1951).

Sin embargo, a partir de inicios del siglo XXI, la emergencia de la economía de China en AL y su posicionamiento como nuevo actor en el escenario internacional constituye un componente que debe entenderse a detalle, en el marco del concepto *centro-periferia*, así como información empírica que valide las nuevas relaciones de dependencia sino-latinoamericanas.

LA PRIORIDAD DE CHINA POR IMPORTAR RECURSOS EXTRANJEROS

Según Trápaga (2013), la República Popular China (RPCh), antes de su fundación, en 1949, se caracterizaba por conservar una economía aislada que se sustentaba con los recursos internos que producía. Sin embargo, tras la revolución, una de las prioridades más apremiantes del país fue desarrollar una modernización agrícola y una industrialización adecuada para alimentar y dar trabajo a más de 550 millones de habitantes (que para 1976 se convirtieron en 900). No obstante, tales aspiraciones comenzaron a materializarse de manera gradual a partir de 1978, cuando se percibió que un crecimiento social y económico era inviable sin una apertura económica y la recepción de recursos extranjeros. Inicialmente, los esfuerzos por generar un desarrollo significativo consistieron en la captación de Inversión Extranjera Directa (IED) para industrializar las zonas económicas especiales y luego transformar al país en una potencia exportadora de manufacturas.

Sin embargo, a mediados de los 90 el gigante asiático ya no podía sustentarse con sus propios recursos alimentarios y energéticos para producir mayores volúmenes de manufactura y realizar sus proyectos de infraestructura y urbanización, por lo que empezó a crear dependencia del mercado global para obtener alimentos, insumos forestales, minerales, petróleo y gas, entre otros recursos, mientras que también decidió participar en la competencia internacional, cuyos propósitos se concentran en controlar los recursos naturales por medio de compras, alquileres, concesiones y acuerdos de cooperación y financiamiento con otros países, principalmente de economías más débiles y necesitadas de inversiones, infraestructura y financiamiento.

En este escenario, entre los países más relevantes de América Latina para la obtención de recursos en China desde el inicio se han destacado Brasil y Argentina como receptores de inversiones del país asiático asociadas a la producción agrícola, así como Ecuador y Venezuela para obtener petróleo. Al mismo tiempo, la economía de los países mencionados comenzó poco a poco a vincularse más con el desarrollo del gigante asiático. Mientras tanto, se cuestiona si las naciones latinoamericanas son capaces de crecer de manera independientemente con la explotación interna de sus propios recursos (Trápaga, 2013). Adicionalmente, Landa (2020) advierte que los países más desarrollados económicamente como China se están transformando en proveedores de servicios y trasladan ahora su manufactura a otros países subdesarrollados como México, estimulando su industrialización.

Esta estrategia de China le ha permitido desconcentrar procesos de manufactura altamente intensivos en mano de obra y que aportan poco valor agregado hacia naciones donde incluso los salarios que se pagan en estos sectores son más bajos de los que se pagan en China; ventaja comparativa que durante décadas posicionó al gigante asiático como el principal país para atraer a la IED sobre todo de economías avanzadas de occidente.

La Gráfica 2 demuestra que el país asiático representa actualmente el mayor consumo energético global. Para 2022, este consumo ascendió a 3,801 megatoneladas equivalentes de petróleo (Mtoe, por sus siglas en inglés); superando a Estados Unidos (2,182 Mtoe), e India (1,005 Mtoe). Aunado a ello, el consumo energético, incluso más allá de China y alrededor del mundo, en general, sigue sustentándose mayormente en petróleo (30%); carbón (27%) y gas (27%), relegando el uso de fuentes limpias como aerogeneradores eólicos o paneles solares (Enerdata, 2023a).

Gráfica 2. Los 12 países con mayor consumo energético en 2022 (Mtoe)

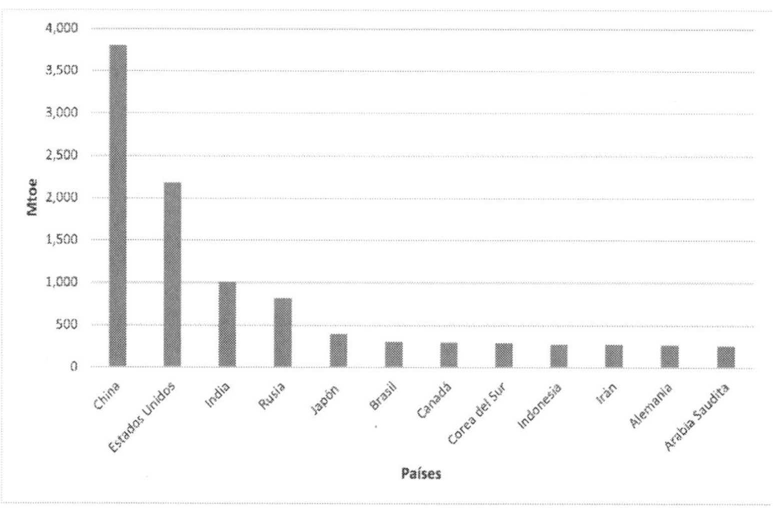

Fuente: elaboración propia, con información de Enerdata (2023a).

Todo esto, simultáneamente, reitera la necesidad de mantener un crecimiento competitivo y consumo interno en contante aumento con recursos extranjeros de países y regiones subdesarrollados. La Gráfica 3 revela los productos de mayor exportación hacia China desde AL. Destacan de manera particular una amplia gama de recursos no renovables englobados en materias primas (maderas, petróleo, carbón, etc.), minerales y productos del reino vegetal.

Evidentemente, la importación de tales recursos naturales también ha contribuido significativamente con el impacto negativo ecológico. De ahí la urgencia de establecer diálogos, acuerdos y mecanismos internacionales que fomentaran la explotación racional de recursos, al tiempo que la generación de energías limpias comenzó a cobrar importancia internacional.

Para lograr lo anterior, las autoridades de los países involucrados en estas relaciones comerciales deberán priorizar el tema del medio ambiente y definir estrategias aplicables y medibles, así como destinar los recursos necesarios para poder implementarlas y hacerlas cumplir. De lo contrario, el retroceso en la materia será cada vez más evidente.

Gráfica 3. Productos de exportación desde América Latina hacia China en millones de dólares (2000-2020)

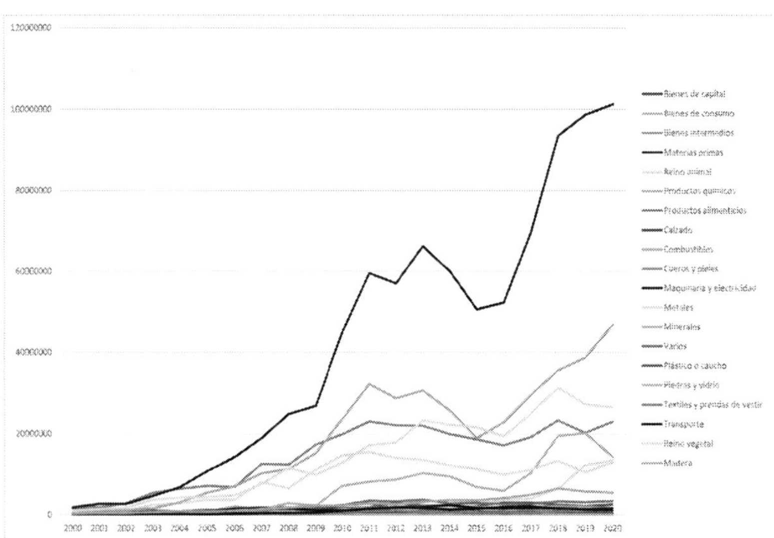

Fuente: elaboración propia, con información de World Integrated Trade Solutions (2023).

LOS ODS, EL ACUERDO DE PARÍS Y LA COOPERACIÓN SUR-SUR

En la competencia internacional por controlar los recursos naturales, sobresale la tendencia de explotar primero y posteriormente tratar de remediar el daño, aunque muchas veces los impactos sean irreparables. Sin embargo, tanto China como la mayoría de países de AL, demostrando preocupación ante los impactos ecológicos, se han alineado con algunas iniciativas internacionales proambientales, entre las que destacan los 17 Objetivos de Desarrollo Sostenible (ODS) planteados por la ONU (Tabla 1), así como al Acuerdo de París, firmado en 2016 por 55 países y cuyo objetivo a largo plazo es conservar el aumento de la temperatura media mundial vinculada a las actividades industriales por debajo de 2 °C y concentrar esfuerzos para reducirla a 1.5 °C (Consejo de la Unión Europea, 2021).

Sin embargo, el enfoque de China hacia AL difiere de las iniciativas citadas, e incluso de los modelos tradicionales de financiamiento y cooperación internacional suscritos a los ODS. Mejor dicho, se ajusta más a lo que Crivelli y Lo Brutto (2020) califican como una versión "ampliada de Cooperación Sur-Sur" (CSS); iniciativa que tiene por meta ayudar a cumplir con la agenda de los ODS, estableciendo colaboración técnica entre los países en desarrollo del sur del planeta (principalmente) y diversos Estados, así como organizaciones internacionales, el sector académico, la sociedad civil y el sector privado para establecer acciones en conjunto "y compartir conocimientos, habilidades e iniciativas exitosas en áreas específicas como la agricultura, los derechos humanos, la urbanización, la sanidad, el cambio climático, etc." (ONU, 2019).

Esta versión ampliada de la CSS, más allá de considerar la colaboración internacional como una ayuda humanitaria y solidaria, enfatiza las relaciones comerciales y de financiamiento como fuentes de desarrollo que van acordes con el *espíritu de Bandung*, concepto que sugiere que las iniciativas de la

CSS deben llevarse a cabo respetando los principios de "horizontalidad, complementariedad, coexistencia pacífica entre los pueblos y el principio de no intervención". Asimismo, la "ampliación de la CSS" surge a raíz del fracaso de la CSS tradicional, al igual que otras iniciativas como los programas de Ayuda Oficial al Desarrollo, que no han demostrado ser lo suficientemente eficientes para cumplir con sus metas (Crivelli y Lo Brutto, 2020, p. 40). En este sentido China, en su camino de convertirse en una potencia económica, ha comenzado a plantearse reasignar sus industrias más activas que emplean mano de obra barata e inversiones en países subdesarrollados latinoamericanos, así como a invertir en proyectos de infraestructura, satisfaciendo así parte de los ODS al contribuir con la generación de empleos, la reducción de la pobreza y la industrialización de los países receptores. Por supuesto, dichas acciones también implican adoptar la perspectiva de la protección al medio ambiente, aunque por debajo de los objetivos económicos y de garantizar el suministro alimentario y energético para China.

Tabla 1. Objetivos y metas de desarrollo sostenible para 2030 (ONU)

Terminar con la pobreza.	Reducir la desigualdad.
Erradicar el hambre.	Crear ciudades y comunidades sostenibles.
Estimular la salud y el bienestar.	Promover la producción y consumo responsables.
Fomentar la educación de calidad.	Llevar a cabo acciones para favorecer la atmósfera y el clima.
Empoderar la igualdad de género.	Conservar la vida submarina.
Proveer agua limpia donde más se necesite.	Proteger la vida de los ecosistemas terrestres.

Producir energía asequible y no contaminante.	Promover la paz, dar acceso a la justicia y establecer instituciones sólidas.
Impulsar el empleo y el crecimiento económico.	Crear alianzas para lograr los objetivos anteriores.
Financiamiento de industrias, innovación e infraestructuras	Total: 17

Fuente: elaboración propia, con información de la ONU (2020).

Es así como la cooperación financiera redituable para China se convierte en una tendencia para el supuesto cumplimiento de los ODS en AL. Entretanto, la llamada asistencia técnica de la CSS adquiere matices económicos relacionados con infraestructura, inversiones y financiamiento chino, convirtiéndose en una herramienta que, aunque resuelve algunas problemáticas y proporciona oportunidades, también se traduce en una mayor demanda de recursos naturales, donde los diálogos políticos han sido cruciales y no han estado libres de incongruencias en la práctica.

LOS DIÁLOGOS SOBRE PROTECCIÓN AMBIENTAL Y SUS TENSIONES

Los vínculos sino-latinoamericanos han cobrado mayor formalidad a través de dos vías: la publicación de los *libros blancos* y la celebración de los foros CELAC-China. En cuanto a los dos documentos, ambos anuncian la intención del país asiático en lo relativo a aumentar la inversión en los sectores agrícola, energético y de infraestructura en América Latina y el Caribe (ALC). De igual manera, enfatizan que China también considera ayudar a la región en materia de protección al medio ambiente y de reducción de desastres, así como impulsar la reforma de la gobernanza económica global e implementar la Agenda 2030 para lograr un desarrollo sostenible (Ministry of Foreign Affairs of PRC, 2008, 2016); planteamientos que van de la mano de algunas declaraciones constitucionales presentes en Ecuador, Venezuela y Bolivia, las cuales identifican a la naturaleza como un sujeto de derechos (Crivelli y Lo Brutto, 2020, p. 44).

Siguiendo estas aspiraciones, tras la publicación del primer *Libro Blanco* en 2008, China implementó en 2012 el llamado "Crédito Verde", el cual exige a las principales instituciones financieras del país, que cabe mencionar, las de mayor presencia en la región son el *China Eximbank*, el *China Development Bank*, y el *Bank of China*, evaluar los proyectos de financiamiento aprobados, con la finalidad de que identifiquen los riesgos ecológicos y vigilen el cumplimiento de las normas ambientales asociadas con sus actividades crediticias, teniendo la facultad de suspenderlas o cancelarlas si se llegaran a presentar dichos riesgos (Garzón, 2015).

Con respecto a los foros CELAC, en el primero de ellos (2015) se aprobaron diversos acuerdos como la Declaración de Pekín, los Arreglos Institucionales, y las Normas de Funcionamiento del Foro, así como el Plan de Cooperación de China y los países de ALC, donde los participantes se comprometieron, entre otras cosas, a alcanzar un desarrollo sostenible. En aquel mismo año, tras el planteamiento de los ODS, China, en colaboración con la Unión Internacional para la Conservación de la Naturaleza, celebró el Foro Mundial sobre Gobernanza de los Ecosistemas, donde participaron más de 150 expertos en ecología y cambio climático procedentes de más de 50 naciones, lo que dio por resultado una segunda Declaración de Pekín enfocada a contrarrestar el cambio climático e impulsar un futuro ecológico sostenible a nivel global (Crivelli y Lo Brutto, 2020).

Desde luego, a pesar de los acuerdos descritos y de las propuestas de los *libros blancos*, los diálogos en materia medio ambiental no han estado libres de desigualdades, especialmente considerando la disparidad existente, donde China importa productos primarios de difícil renovación de AL y exporta tecnología de alto valor agregado. Además, el consumo de los recursos del gigante asiático ha aumentado exponencialmente. Tan solo en el periodo 1978-2012, la creciente industrialización elevó a China como el segundo consumidor de petróleo a nivel global, superando a Estados Unidos y convirtiéndolo también en el primer consumidor de energía eléctrica, zinc, carbón, cobre y soya (Crivelli y Lo Brutto, 2020).

Si al intercambio comercial desigual de los recursos primarios, por productos tecnológicos de alto valor agregado entre China y AL, agregamos la participación de las empresas chinas en obras de infraestructura y extracción (que bien podrían llevarse a cabo por empresas locales), la balanza se inclina aún más hacia la RPCh. En este contexto, además, en 2018 el principal punto de atracción para las fusiones y adquisiciones relacionadas con las firmas chinas en la región fue el sector energético, que en aquel año abarcó el 49% del monto total asignado a estas actividades, con apenas un 12% concentrado en energías renovables. En este sentido, las inversiones de la RPCh en términos de generación y distribución eléctrica han sido cruciales en AL, como lo confirman Crivelli y Lo Brutto (2020), al señalar la adquisición de diversas centrales hidroeléctricas en Brasil. Asimismo, los autores agregan que más del 50% de los préstamos chinos dirigidos a AL en 2017 fueron colocados en la industria de los combustibles fósiles; principalmente en zonas clave para el planeta como la selva del Amazonas, cuya deforestación y devastación tiene serias repercusiones en el clima global. Adicionalmente, la explotación de los recursos naturales, aunque aumenta el nivel de exportaciones y fomenta el comercio, los proyectos de infraestructura y la inversión china, conlleva diversas consecuencias ambientales negativas asociadas con la transformación del territorio y el detrimento de biocapacidad. Por si fuera poco, la tendencia de exportar recursos naturales de AL hacia China no da señales de disminuir en un futuro próximo, sino de aumentar (Martínez y Nazar, 2020).

Debido a ello, independientemente de la conveniencia mutua que pudiera existir entre la demanda de recursos naturales de AL por parte de China, el desafío de estos intercambios radica, en cierto grado, en las políticas de China para generar y distribuir energía, la cual debe ser congruente con los ODS y el Acuerdo de París. De igual manera, AL, en la búsqueda de inversiones chinas para obtener beneficios económicos, también ha demostrado serias deficiencias al gestionar sus recursos naturales, así como debilidades institucionales y un rezago significativo en diversos aspectos.

Por una parte, es precisamente la demanda de recursos naturales de China lo que la distingue como una potencia desarrollada cuyo PIB ha dejado de depender de la exportación de sus propios recursos naturales internos (y que incluso no está sujeto a estos), mientas que revela un notable rezago industrial en AL (que exporta a la RPCh mayormente productos primarios), para generar un aparato económico que no necesariamente comprometa sus recursos naturales y energéticos, así como un conjunto de políticas mal enfocadas en la región mediante las cuales se espera sostener la economía a través de la exportación de dichos recursos, al tiempo que corren el riesgo de caer en un déficit biológico.

Así, mientras que el consumo energético nacional, en conjunto con el consumo interno de recursos naturales procedentes de AL, aumentan en función del crecimiento económico y competitivo de China, el país ya ha comenzado a dedicar esfuerzos centrados en fuentes alternativas de energía más amigables con el medio ambiente para reducir sus altas emisiones de CO2. Como ejemplo de ello, en enero de 2023 anunció la construcción de un proyecto de energía solar al norte del territorio (en la región autónoma de Mongolia Interior), el cual, valorado en más de 11 millones de dólares, podría constituir uno de los complejos de energía más importantes del país (incluyendo 8 gigavatios [GW] de energía solar; 4 GW de eólica, y 4 GW de energía procedente de carbón). De igual modo, en marzo del mismo año el gobierno chino puso en funcionamiento una tercera unidad de 1 GW en la central nuclear de Fangchenggang, en la región autónoma de Guangxi. El llamado Fangchenggang-3, es de los primeros reactores nucleares en el emplazamiento. Dicho esto, cabe mencionar que en el periodo 2021-2022 la potencia oriental ha incrementado sus capacidades de energía nuclear en más de 55 GW, así como sus capacidades de infraestructura para producir energías renovables (que excedieron en 2021 los 1,000 GW: 391 GW mediante plantas hidroeléctricas; 328 GW eólicas, y 307 solares). Desde luego, estos esfuerzos inciden en su compromiso no solo de cumplir con los ODS y el Acuerdo de París, sino también con una de sus metas nacionales para convertirse en una nación neutra en materia de carbono para 2060. Sin embargo, China continúa dependiendo de grandes volúmenes de carbón, que durante 2021 abarcó 63% de la principal fuente para generar electricidad, además de que para 2022, sobresalió como el tercer consumidor mundial de este recurso, al igual que del lignito, por lo que aún tiene un largo camino por recorrer; sin contar con que sus políticas a futuro no demuestran la misma prioridad por dejar de exportar recursos renovables de AL, sino que, como ya se ha visto, se percibe un mayor control de los mismos como parte de la relación de dependencia *centro-periferia* en la que ambas partes están inmersa (Enerdata 2023 b,c,d).

Mientras tanto, la generación de energías renovables es una actividad con serios retrasos en AL, ya que según Crivelli y Lo Brutto (2020), apenas Brasil representa dos tercios del crecimiento total en la región. Esto constituye un área de oportunidad para aprovechar el financiamiento y la inversión china. Sin embargo, el desarrollo de energías renovables también podría afectar las ganancias obtenidas por la exportación de recursos naturales de la región para satisfacer la demanda energética de la RPCh a largo plazo. En consecuencia, AL, que exporta mayormente recursos naturales y productos primarios, enfrenta actualmente el reto de buscar nuevas rutas de comercio con China, así como de superar los rezagos mencionados en materia de energía renovable e industrialización para no comprometer sus ecosistemas, y de implementar políticas amigables con el medio ambiente que a la vez simpaticen con sus propios intereses. Para tal efecto, además, la región en general no puede esperar que la CSS, los OSD e incluso China, resuelvan sus problemas económicos de subdesarrollo.

Finalmente, de manera contradictoria, el *Índice de los ODS 2022* (Sachs et al. 2022), que mide el cumplimiento de dichos objetivos en términos generales en una escala del 0 al 100, apunta que la región asiática mostró un cumplimiento menor que América Latina y el Caribe (véase Gráfica 4). De hecho, de los 163 países considerados en el *ranking*, Chile demostró el mejor desempeño en la región, ubicándose en la posición 28, revelando un porcentaje de adhesión a los ODS de 77.8%, con lo cual superó a Canadá (77.7%). Después le precedió Uruguay, en el sitio 31 (77%), seguido de Cuba en la posición 40 (74.7%). Todos ellos, a su vez, sobrepasaron a Estados Unidos (74.6%) y a China (72.4%). Esto hace pensar que, en la práctica, podría haber una mayor voluntad política centrada en el cumplimiento de los ODS, en las naciones latinoamericanas señaladas, que en la RPCh.

Gráfica 4. *Ranking* del Índice ODS 2022 a nivel regional

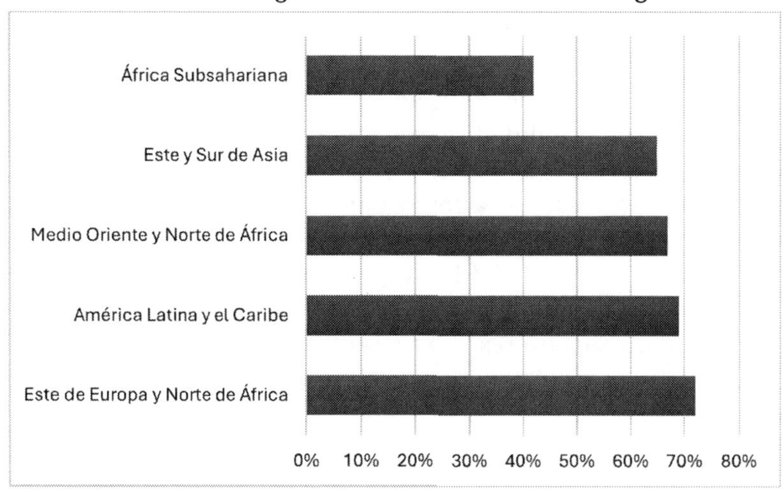

Fuente: elaboración propia, con información de Sachs et al. (2022).

CONCLUSIONES

Resulta imprescindible que los con los niveles de exportaciones más altas de AL hacia China diseñen e implementen, con los recursos financieros necesarios, políticas públicas que respeten al medio ambiente y hagan de esta actividad económica una más amigable con el planeta.

Sin duda la diversificación de las exportaciones latinoamericanas hacia China sería ideal, buscando con ello ampliar el valor agregado de los bienes y servicios exportados y tratar de mantener un equilibrio en sus balanzas comerciales, reduciendo los déficits comerciales que diversas naciones de la región mantienen con el gigante asiático para reducir la relación *centro- periferia* e incrementar los niveles de industrialización. De igual modo, los países participantes en tales vínculos comerciales desbalanceados deberían plantearse diversificar sus productos y socios comerciales más allá de China, con miras a reducir sus lazos de dependencia *centro-periféricos.*

La tarea de realizar un comercio internacional sustentable es de todos y cada uno de los países que exportan e importan, pero una responsabilidad mayor recae en aquellas economías más avanzadas que tienen mayores recursos financieros que pueden ser canalizados a los programas y planes medio ambientales que se diseñen de aquí en adelante. Aunado a ello, la amalgama entre AL y China es fuerte y necesita darle una mayor importancia al tema medio ambiental, reduciendo la brecha que existe con respecto a las economías avanzadas.

REFERENCIAS

Bravo, E. (2007). Los impactos de la explotación petrolera en ecosistemas tropicales y la biodiversidad. Acción Ecológica

CEPAL. (1951). Estudio Económico de América Latina, 1949 (E/CN.12/164/Rev.1), Nueva York, Naciones Unidas. Chen, T. y M. Pérez Ludeña (2014), "Chinese foreign direct investment in Latin America and the Caribbean", serie Desarrollo Productivo, N° 195 (LC/L.3785), Santiago, Comisión Económica para América Latina y el Caribe (CEPAL).

Consejo de la Unión Europea. (2021). *Acuerdo de París sobre el Cambio Climático.* Recuperado el 7 de mayo de 2024 en: https://www.consilium.europa.eu/es/policies/climate-change/paris-agreement/

Crivelli, E. y Lo Brutto, G. (2020). "La cooperación de China en América Latina: tensiones en la protección del medio ambiente y los recursos naturales". En Y. Trápaga (Coord.). *América Latina y el Caribe–China. Recursos naturales y medio ambiente 2019*, 39-56. Ciudad de México: Unión de Universidades de América Latina y el Caribe.

Crivelli, E. y Lo Brutto, G. (2020). "La cooperación de China en América Latina: tensiones en la protección del medio ambiente y los recursos naturales". En Y. Trápaga (Coord.). *América Latina y el Caribe–China. Recursos naturales y medio ambiente 2019*, 39-56. Ciudad de México: Unión de Universidades de América Latina y el Caribe.

Enerdata. (2023a). *Consumo energético total.* Energía y clima mundial. Anuario estadístico. Recuperado el 7 de mayo de 2024 en: https://datos.enerdata.net/energia-total/datos-consumo-internacional.html

Enerdata (2023b). *Energía y clima mundial–Anuario estadístico 2023.* Recuperado el 7 de mayo de 2024 en: https://datos.enerdata.net/gas-natural/consumo-mundial.html

Enerdata. (2023c). *China empieza a construir un complejo de 16 GW de energía solar, eólica y de carbón.* Recuperado el 7 de mayo de 2024 en: https://es.enerdata.net/publicaciones/noticias-energia/china-nuevo-complejo-energetico.html

Enerdata. (2023d). *China pone en servicio el reactor nuclear de 1 GW Fangchenggang-3 HPR-1000.* Recuperado el 7 de mayo de 2024 en: https://es.enerdata.net/publicaciones/noticias-energia/china-reactor-nuclear-fangchenggang-3-en%20marcha.html

Rocha, F. y Bielschowsky R. (2018) La búsqueda de China de recursos naturales en América Latina. Revista de la CEPAL No. 126

Garzón, P. (2015). *Manual legal sobre regulaciones ambientales y sociales chinas para los préstamos e inversiones en el exterior. Una guía para las comunidades locales.* Ecuador: Centro de Derechos Económicos y Sociales.

Global Footprint Network. (2019). *Earth Overshoot Day 2019 is July 29th, the earliest ever.* Recuperado el 7 de mayo de 2024 en: https://www.footprintnetwork.org/2019/06/26/press-release-june-2019-earth-overshoot-day/

Landa, Y. (2020). "De México al Asia: siguiendo la cadena de valor internacional de los recursos naturales". En: Y. Trápaga (Coord.), 17-37. *América Latina y el Caribe–China. Recursos naturales y medio ambiente 2019.* Ciudad de México: Unión de Universidades de América Latina y el Caribe.

Lillo, J. (2015). *Impactos de la minería en el medio natural.* España: Universidad Rey Juan Carlos. Recuperado el 8 de mayo de 2024 en: https://www.ucm.es/data/cont/media/www/pag-15564/Impactos%20de%20la%20miner%C3%ADa%20-%20Javier%20Lillo.pdf

Martínez, S. y Nazar, D. (2020). "Transferencia de recursos naturales de América Latina para el proceso de crecimiento de las economías emergentes: el caso del este de Asia y China. En Y. Trápaga (Coord.). *América Latina y el Caribe–China. Recursos naturales y medio ambiente 2019,* 57-75. Ciudad de México: Unión de Universidades de América Latina y el Caribe.

Ministry of Foreign Affairs of PRC. (2016). *Documento sobre la Política de China Hacia América Latina y el Caribe.* Recuperado el 7 de mayo de 2024 en: https://www.fmprc.gov.cn/esp/wjdt/wjzc/t1418256.shtml

ONU. (2019). *La Cooperación Sur-Sur, ¿qué es y por qué importa?* Noticias ONU. Recuperado el 7 de mayo de 2024 en: https://news.un.org/es/story/2019/03/1453001

ONU. (2020). Objetivos de Desarrollo Sostenible. Recuperado el 7 de mayo de 2024 en: https://www.un.org/sustainabledevelopment/es/sustainable-development-goals/

Page, D. y García, M. (2017). El mundo sin petróleo se acerca... y no será el apocalipsis. *El Independiente.* Recuperado el 28 de agosto de 2021 en: https://www.elindependiente.com/economia/2017/02/04/el-mundo-sin-petroleo-se-acerca-y-no-sera-el-apocalipsis/

Piña, C. E. (2019). Chinese financing in Venezuela. En E. Dussel Peters (ed.), 337-371. *China's financing in Latin America and the Caribbean.* Ciudad de México: UNAM, Facultad de Economía. Recuperado el 6 de mayo de 2024 en: https://www.dusselpeters.com/146.pdf

Prebisch, R. (1949). El desarrollo económico de América Latina y algunos de sus principales problemas. (E/CN.12/89), Santiago, Naciones Unidas

Sachs, Jeffrey, Lafortune, Guillaume, Kroll, Christian, Fuller, Grayson & Woelm, Finn. (2022). *From Crisis to Sustainable Development: the SDGs as Roadmap to 2030 and Beyond. Sustainable Development Report 2022.* Recuperado el 7 de mayo de 2024 en: https://www.sustainabledevelopment.report/reports/sustainable-development-report-2022/

Solís, A. (2016). Los 10 países que más contaminan por consumir petróleo. *Forbes.* Recuperado el 6 de mayo de 2024 en: https://www.forbes.com.mx/los-10-paises-que-mas-contaminan-por-consumir-petroleo/

Trápaga, Y. (2013). *América Latina y El Caribe-China. Medio Ambiente y Recursos Naturales.* Ciudad de México: Unión de Universidades de América Latina y el Caribe.